陈慧娜　张　峰　总主编

图说中国故事

你所不知道的图书馆

宋莞婷　殷宏淼　主编

上海交通大学出版社
SHANGHAI JIAO TONG UNIVERSITY PRESS

内容提要

　　本书是"图书馆里的中国故事"系列中的一本。全书系统展现了中国图书馆的发展历程，深入解析了文献编目与检索的奥秘，并详细介绍了各类图书馆及其建筑特色。书中还揭秘了现代图书馆中的"黑科技"，如采编图灵系统、智能书库等，生动展现了科技如何改变人们的阅读方式。此外，本书还讲述了梁启超、鲁迅等人与图书馆的渊源故事。本书的最后设计了活动手册，帮助读者通过互动任务和实践活动，深入体验图书馆的魅力，并激发他们对阅读与知识的探索热情。本书适合学生、教育工作者以及对中国文化感兴趣的读者阅读。

图书在版编目（CIP）数据

　　你所不知道的图书馆 / 宋莞婷，殷宏淼主编 .

上海：上海交通大学出版社，2025.5. ——（图书馆里的中国故事 / 陈慧娜，张峰总主编）. —— ISBN 978-7-313-32568-6

　Ⅰ . G259.29

　中国国家版本馆 CIP 数据核字第 2025UU2862 号

你所不知道的图书馆

NI SUO BUZHIDAO DE TUSHUGUAN

主　　编：宋莞婷　　殷宏淼

出版发行：上海交通大学出版社　　　　地　　址：上海市番禺路 951 号

邮政编码：200030　　　　　　　　　　电　　话：021-64071208

印　　制：浙江天地海印刷有限公司　　经　　销：全国新华书店

开　　本：710 mm×1000 mm　1/16　　印　　张：6.5

字　　数：67 千字

版　　次：2025 年 5 月第 1 版　　　　　印　　次：2025 年 5 月第 1 次印刷

书　　号：ISBN 978-7-313-32568-6

定　　价：68.00 元

丛书序言

阿根廷作家豪尔赫·路易斯·博尔赫斯曾说："如果有天堂，那应该是图书馆的模样。"

图书馆作为社会文明传承的重要组成部分，在传承中华文明方面发挥着重要作用。一个国家，一个民族，其文化要得到传承，从古至今、代代相传的典籍是重要的表现形式和传承手段。从图画文字到甲骨刻字，从竹简典籍到羊皮书卷……典籍中不仅仅有文字的传承，更饱含着一代又一代圣人先贤的人生智慧。图书馆作为典籍存藏的重要场所，如同一个蕴藏人类知识的宝库，时至今日，依旧焕发着勃勃生机，发挥着它传承文明、服务社会的重要作用。

对于孩子们而言，图书馆并不陌生，但是图书馆里就只有书吗？过去的"图书馆"是什么样子？图书馆里有哪些有趣的故事？图书馆里的书为什么会有一个特殊的标记呢？这些标记有什么含义和作用？

带着一个又一个的问题，孩子们可以通过阅读这套书中有趣的故事，去感悟图书馆，去体味图书馆存在的价值与意义。在这里，孩子们可以透过自己的眼睛，穿越古今，与古代先贤对话，向当代鸿儒求教。

诚然，当代的图书馆在信息技术的加持下，早已今非昔比。智慧终端、移动存储的使用，都在不断扩展图书馆的服务半径，提升图书馆的服务体验。图书馆里有乾坤，透过图书馆这个微缩景观，我们可以一窥人类文明的发展，一探中国文化的变迁。

古人云：开卷有益。儿童时期是人的一生中极为重要的阶段之一。儿童拥有天然的好奇心和想象力，拥有探索世界的勇气，在他们的世界观、人生观、价值观形成的阶段，遇到图书馆，遇到经典图书，对于他们完整人格的塑造、丰富文化底蕴的培养，都将大有裨益。为此，我们特别邀请到图书馆的专业人员为小读者们撰写了这套书。丛书分别围绕图书的由来、图书馆的前世——藏书楼、现当代图书馆、名人读书故事，以及图书馆里的红色故事依次展开。为了更好地贴近儿童的阅读习惯，丛书在侧重科学性与知识性的前提下，注重语言文字的趣味性，还添加了生动的手绘插图，富有启发性。为了尽可能降低儿童在阅读过程中因专业词汇而产生的困惑，文中在特殊位置张贴了知识"小贴士"，帮助儿童更好地理解文中所述内容。

儿童是祖国的未来，民族的希望。在他们人生成长的关键时期，加强对他们的教育培养，是关系到国家与民族发展的一项重大任务。

让孩子从小爱上阅读，相信这是家长与老师，乃至全社会的希望，更是每一位图书馆人的责任与使命担当。

许久以前，梁启超曾经写下了振聋发聩的《少年中国说》，声声入耳、句句入心。多年后的今天，我们多么希望每一位翻开这套书的孩子，都能更加深入地感受到前辈的良苦用心，感受到自己肩上的责任重大。中华文明的伟大，并不仅仅在于拥有辉煌的过去，更在于拥有令人无限希望的当下与未来。而孩子就是这个国家、这个民族发展的未来与命脉。真诚地希望每一位读到此书的小读者，都能对中华文明有更加深入地了解，对民族文化有更加透彻的体会。

亲爱的孩子们，来吧！让我们一起，穿越时空，去一探图书馆的究竟！

陈梦娜

2024 年 2 月于北京

前　言

图书馆，犹如人类文明长河中的智慧方舟，承载着人类最珍贵的记忆与知识。它是一座跨越时空的桥梁，让我们得以与古往今来的智者对话，汲取他们的思想精髓；它也是一座文明的灯塔，为无数求知者照亮前行的道路。

作为文明古国，中国的藏书文化源远流长，从商周的藏书室到传统藏书楼，再到现代图书馆，历经千年蜕变。无论时代如何变迁，图书馆始终坚守使命，守护着文明的火种。对于广大青少年而言，图书馆并不陌生。在信息爆炸的今天，随着高新技术的飞速发展，图书馆的服务理念、服务方式和管理模式也发生了翻天覆地的变化。如今，人们可以通过手机APP、微信小程序等移动终端便捷地享受图书馆的服务，借助AR、VR等虚拟技术体验沉浸式阅读，甚至与书中的历史人物互动。而为你提供服务的，可能是一位冷幽默的智能馆员。这些高新技术的加持，让图书馆变得更具有吸引力，甚至成为"网红"打卡地，深受大众喜爱。然而，图书馆的魅力远不止于此。千年的文化积淀，使图书馆不仅是存放文献的场所，更成为重要的文化符号。

为了帮助读者更全面地认识图书馆，我们编写了本书。书中以通俗易懂的语言和生动有趣的故事，带领读者感悟图书馆蕴含的文化价值与技术内涵。

本书从传统藏书楼到现代图书馆的演变过程讲起。书中不仅介绍了图书馆对图书的管理与保护，还向读者传授了实用的检索技巧。同时，本书还为读者揭开了图书馆中蕴藏的"黑科技"。此外，书中还介绍了各种有趣的另类图书馆、建筑风格独特的图书馆，以及那些鲜为人知的、与图书馆相关的名人故事。我们期待本书能成为一把钥匙，打开读者认识图书馆的新世界，让读者更真切地感受图书馆传统与现代交融、知识与智慧并存的独特魅力。

在图书馆界，有一句话——为人找书，为书找人。图书馆里的每一本书都是一个独特的世界，等待着有缘人去探索。我们相信，随着越来越多的青少年走进图书馆，在书香中思考、探索、创新，中华文明千年传承的文化血脉，必将在新时代绽放出更加绚丽的光芒。

最后，在本书的创作过程中，我们得到了许多宝贵的建议与支持。要感谢我的合作者殷宏淼老师，她的专业知识与创新思维为本书注入了新的活力。感谢张峰老师从专业角度对书稿内容与结构提出的宝贵建议。特别感谢本书的责任编辑左宓老师，她对书稿的细致审阅与润色，为本书增色不少。与他们的合作是一段难忘且珍贵的经历，本书的成功离不开他们的辛勤付出与无私奉献。在此，我向他们致以最诚挚的感谢！

宋莞婷

2025 年 3 月 17 日

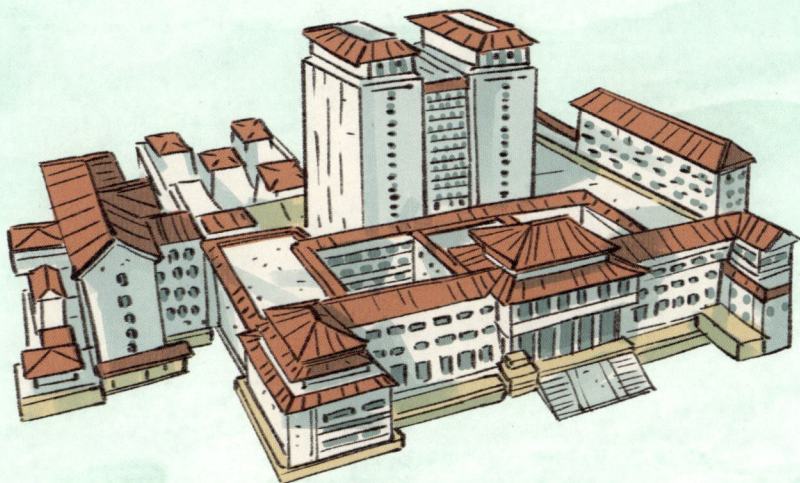

目录

"

　　欢迎果果和涂涂两位小读者，我是你们的专属讲解员司图姐姐。今天我将带领你们一起踏上一段特别的旅程，探秘图书馆这个充满智慧与惊喜的地方。

　　图书馆有什么神秘的，我每周都会去。

　　涂涂，我保证这次的行程会让你对图书馆有更全面的认识！快点跟上来，参观要开始啦！

"

一

从古至今的知识宝库：
图书馆的成长史

1. 从藏书楼到图书馆：奇妙的"变形记"

现如今，无论是城市中巍然矗立的大型图书馆，还是校园里温馨雅致的读书角，都能给我们提供阅读的便利。这种便利，既得益于印刷技术和信息技术的飞速发展，也离不开图书馆事业的持续进步。要知道，现在我们习以为常的阅读环境，在古人眼中或许是一种奢望！

中国的藏书文化源远流长，早在商周时期就出现了类似图书馆功能的藏书楼，并且随着社会的发展，逐渐形成官府、书院、寺院和私人四大藏书体系。在印刷术发明前的漫长岁月里，书籍主要靠人手工抄写，生产效率低下，成本高昂，使得书籍成为稀世珍宝。因此，藏书楼中的典籍往往仅供皇家贵族、学者或私人藏书家使用，普通百姓很难接触到。由此可见，今天我们能够如此便捷地阅读书籍、获取知识，离不开造纸术和印刷术的伟大发明。

3

不过，虽然中国古代的藏书楼与现代的图书馆都有着保存和传播知识的使命，但其功能和体验却大相径庭。那么，古代藏书楼是如何转变为现代图书馆的呢？关于这个问题，学界还是存在一定争议的。一种观点认为二者是继承关系，也就是说现代图书馆是由古代藏书楼演变而来的，在演变的过程中，藏书楼的服务范围、服务方式和服务对象慢慢发生了变化，最终变成了现在的图书馆。另一种观点则认为，中国古代藏书楼随着清朝统治的结束，也随之消亡了。我们国家现在的图书馆是在学习西方图书馆的基础上逐渐建立和发展起来的，与古代藏书楼有着本质区别。还有一种"继始"观点，认为现代图书馆是国人基于传统藏书楼文化，借鉴国外图书馆的建设理念而创建的。

上述三种观点其实各有道理，在此笔者不去讨论孰是孰非，先来回顾一下图书馆在中国的成长历程。

首先，让我们回到明朝万历年间。1582 年，意大利传教士利玛窦来华，开启了中西文化交流的新篇章。他不仅将欧洲的天文、地理、数学等科学知识传入中国，同时也将中国文化介绍到欧洲。此后两个世纪，陆续有欧洲传教士来华，他们带来了西方先进的科学知识和学术思想，促进了中西文化的进一步交流与融合。

随着中西交往的深入，晚清时期的一些驻外使节和留学生开始在其著述中介绍西方图书馆的先进理念和管理方法。当时中国一些开明士绅注意到，西方图书馆开放、共享的办馆理念，与中国传统藏书楼的封闭状态形成了鲜明对比。于是他们开始尝试在中国建立现代意义上的图书馆。

那时候就叫作"library"（图书馆）了吗？

涂涂，你的这个问题，有点难啊！

我来解答吧！

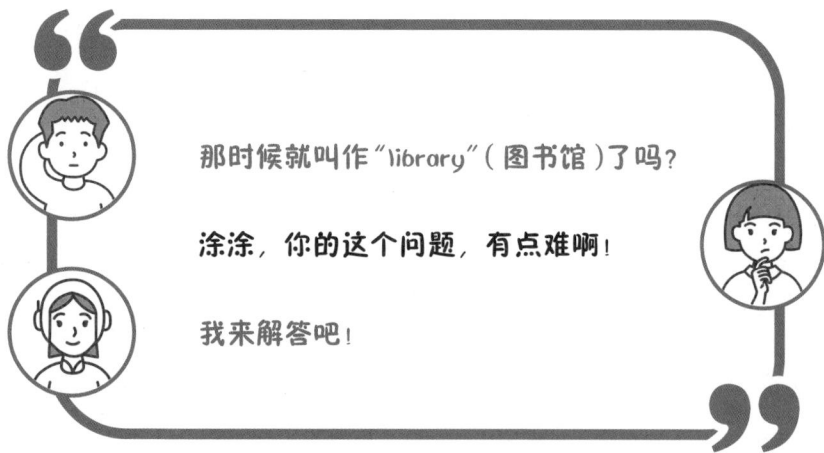

你知道吗？我们平时经常提到的"图书馆"这个词，其实有着一段有趣的"跨国旅行"故事呢！

这个词最早可以追溯到古希腊。在古希腊语中，"papyrus"表示纸莎草，它是西方古代一种非常重要的书写材料。后来，古希腊人就用和"papyrus"读音相近的单词"biblos"表示书籍，而"bibliothek"则表示存放书的地方。在拉丁语中，这个词则被写作"bibliotheca"。如今，在英语中，"bibliotheca"这个词仍然可以用来表示图书馆。

而我们更熟悉的表示图书馆的英文单词"library"则起源于古罗马时期。古罗马人用"liber"（意思是书皮）这个词，慢慢发展出了"librarius"（关于书的）、"librarium"（书柜）这些词。到了中世纪，英格兰人把这个词发展为"librarie"，再后来就演变为我们现在英语中使用的"library"一词啦！

有趣的是，19 世纪中期，"library"一词传入日本，日本人一开始将它翻译为"公共书库"或"大书馆"。直到 1877 年，东京一家图书馆印刷的图书目录上首次使用"圖書館"这三个字来对应英文的"library"和法文的"bibliothèque"。

在我国，"图书馆"这个新名词的首次亮相则是在 1894 年。当时，《教育世界》杂志刊登了一篇文章，里面第一次使用了"图书馆"这个新词。不过，当时"图书馆"一词的使用并不普遍，尽管中国已经出现了很多学习西方图书馆模式的新式藏书机构，但它们仍然沿用传统的称谓——藏书楼。

直到 1903 年，事情才有了变化。清政府发布了一份重要的官方文件——《奏定大学堂章程》，里面正式使用了"图书馆"这个词。这份官方文件就像给这个新词发了一张"身份证"，让它成为官方认可的名称。从此以后，"图书馆"这个充满现代感的名字就开始在中华大地上流行开来，逐渐取代了传统"藏书楼"的叫法。

2. 中国首个以"图书馆"命名的省级图书馆

了解了我国从传统藏书楼向现代图书馆转型的这段历史后，不知道你是否会好奇，谁是中国第一个以"图书馆"命名的"幸运儿"呢？很多人可能会猜是中国的国家图书馆，但事实上，这个殊荣属于 1904 年成立的湖南图书馆兼教育博物馆。1905 年，它正式更名为湖南图书馆。

随后，在 1909 年，清政府批准了学部上奏的《奏筹建京师图书馆折》，宣告成立京师图书馆（即国家图书馆的前身）。同年颁布的《京师图书馆及各省图书馆通行章程》，更是为"图书馆"这个名称的普及奠定了制度基础。此后，黑龙江、河南、陕西等地区的省级图书馆如雨后春笋般相继成立，开启了中国近现代图书馆事业的新纪元。

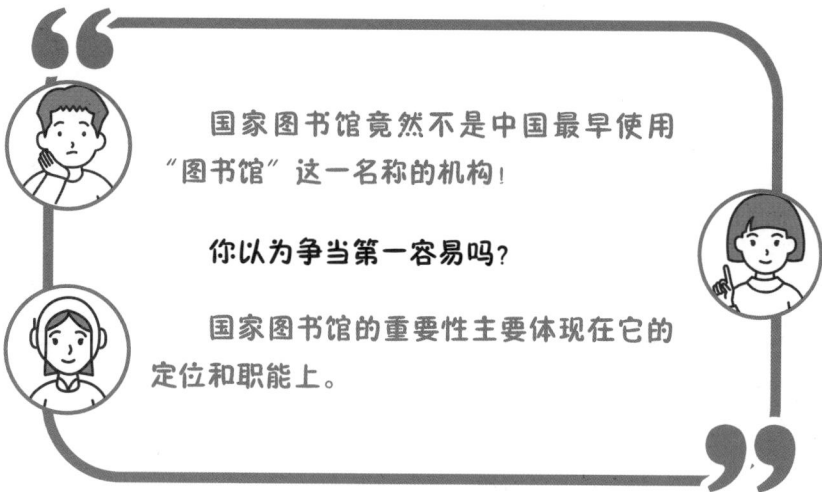

> 国家图书馆竟然不是中国最早使用"图书馆"这一名称的机构！
>
> 你以为争当第一容易吗？
>
> 国家图书馆的重要性主要体现在它的定位和职能上。

关于湖南图书馆最初的馆舍定王台，还有一段感人至深的孝道故事。定王台位于今湖南省长沙市浏正街南侧的小巷深处，是一座承载着千年孝道精神的古台。

公元前 155 年，汉景帝之子刘发受封长沙王。刘发远离了繁华的长安，来到这个当时尚属偏远地区的南方小城。按照皇室规矩，他无法将母亲接到身边来奉养。思母心切的刘发，每年都会精心挑选上等大米，派人千里迢迢送往长安孝敬母亲。与此同时，他还命人在每次回程时将长安的一些泥土运回长沙，日积月累，竟筑起了一座高台。每当夕阳西下，刘发便登台远眺西北方向的长安，仿佛他的目光能透过千山万水，将思念之情传递给远在长安的母亲。

刘发在长沙生活了整整27年，直至终老。他去世后的谥号为"定王"，世人感念其孝心，将他筑起的这座高台称为"望母台"或"定王台"。两千多年来，这座古台见证了历史的变迁，更成了中华民族孝道文化的永恒象征。

晚清时期，随着新式教育理念的兴起，图书馆被视为启迪民智的重要机构。1904年，当湖南省筹建图书馆时，这座饱含历史文化底蕴的定王台自然成为馆址的首选。定王台不仅地理位置优越，而且因其深厚的人文积淀，与图书馆启迪民智的使命相得益彰。于是，它便成了湖南图书馆最初的馆址，继续传承着文明的火种，让这份跨越时空的孝道精神与书香文化交相辉映。

定王台故址碑

然而，这座见证了千年沧桑的古建筑，最终在抗日战争时期日军对长沙的空袭中化为瓦砾。定王台的消逝，不仅是一座建筑的损毁，更是一个时代记忆的湮灭。但值得欣慰的是，它所承载的孝道精神和文化使命，早已融入湖南图书馆的血脉，在新时代继续被传承发扬。

3. 图书馆"一哥"的成长史

中国的国家图书馆虽然不是中国第一个以"图书馆"命名的公共图书馆，成立时间也晚于湖南图书馆，但并不影响它在中国图书馆界的地位。其实早在 20 世纪初，清政府就有官员提议设立图书馆，只是碍于他们在朝廷所任官职不高，这些建议并未引起清政府的重视。直到 1909 年，位高权重的军机大臣张之洞整理了大臣们的建议，上奏朝廷，请求建立京师图书馆，并得到了皇帝的批准。在中国第一历史档案馆里，还能看到这份泛黄的奏折——《奏筹建京师图书馆折》。

图书馆为学术之渊薮，京师尤系天下观听，规模必求宏远，搜罗必极精详，庶足以供多士之研求，昭同文之盛治。

《奏筹建京师图书馆折》

在筹建京师图书馆的过程中，选址问题一度困扰着筹备者们。最初，出于防火安全的考虑，他们计划将图书馆建在一座四面环水的小岛上，并在岸边购置房屋用作书库。这个颇具诗意的设想，却因资金短缺而未能实现。最终，筹备组决定暂时借用什刹海畔的广化寺作为临时馆舍。

广化寺京师图书馆旧址

  然而，历史的洪流再次给这座即将诞生的知识殿堂带来了考验。随着清朝的覆灭，图书馆的筹建工作被迫中断。不过，好在1912年"中华民国"成立后，这座图书馆的筹建工作得以重启。经过不懈努力，初建于广化寺的京师图书馆终于在1912年8月27日迎来了它的第一批读者。这一天，不仅标志着中国近现代图书馆事业的起步，更开启了一个民族追求知识、启迪民智的新纪元。

  回首百年历程，国家图书馆的诞生之路充满艰辛与挑战。从最初寄居广化寺的窘迫，到如今拥有三座现代化馆舍的辉煌，这座知识殿堂见证了中国图书馆事业的沧桑巨变。它就像一位饱经风霜的智者，在经历了重重考验后，终于迎来了属于自己的黄金时代。

  作为国家级的图书馆，国家图书馆最初的名字叫京师图书馆。京师图书馆在建立之初，便被赋予了特殊的职能——保存和保护国家和民族的文化遗产。张之洞在奏折中详细阐述了创建京师图书馆的必要性与重要意义。

　　晚清时期，大量中国古籍流失海外。张之洞担心长此以往中国人想要阅读珍贵的古籍会变得越来越困难，因此他才有了开设国家级图书馆的想法。目前国家图书馆也是中国的古籍保护中心，拥有国内最丰富的古籍文献资源，堪称中华文明的精神宝库。

　　除了保存和传承中华文明，今天的国家图书馆还承担着为国家发展提供政策支持、开展图书馆发展研究和国际交流、为其他图书馆进行业务指导和技术支持等多项职能。

　　政府还通过立法的形式赋予国家图书馆一项"特权"——接收全国各种类型出版物的交存，我们也把这一制度称为"出版物交存制度"。这使得作为国家总书库的国家图书馆，可以系统、完整地收藏全国各类型的出版物，为其在图书馆界的领军地位奠定了坚实基础。

　　截至2024年底，国家图书馆的馆藏文献总量达到了4524.99万册（件），数字资源存储量达2819.36TB，在国内图书馆中首屈一指，在世界各国国家级图书馆中也居于前列。

小贴士

出版物交存制度是指出版机构（如出版社、报社等）需要将新出版的图书、期刊、报纸、音像制品、电子出版物等免费向一些指定机构（如图书馆、档案馆等）提交一定数量的副本，也就是我们通常所说的样品。根据《中华人民共和国公共图书馆法》《出版管理条例》的规定，中国国内的出版机构须向国家图书馆交存最新出版物的副本。

4. 图书馆里的独特藏品

既然是图书馆，各种纸本图书自然是图书馆的主要馆藏。除了纸本图书之外，图书馆里还收藏了很多非纸本文献哦！这里要先科普一下什么是"文献"。用专业术语来解释，文献就是专门记录、传播知识的一切载体。也就是说，只要记录有知识，并且用来传播知识的纸张、磁带、光盘，甚至是数据库、网页等，都叫作文献。

在中国商周时期，人们用甲骨来记录文字，后来又用到了竹简和青铜器来记录文字。此外，还有石刻。在国家图书馆古籍馆院内有一座石碑，碑文刻写的就是乾隆三十九年御笔所书的《御制文源阁记》，且是满文和汉文对照的，这是一类具有极高艺术价值的珍贵文物——

石刻文献。以上这些古代文献都是图书馆里的珍贵馆藏。

　　随着科技的进步，文献载体日益丰富。例如缩微胶卷，它是将纸质文献缩拍在胶片上保存，其原理与传统胶卷相似，阅读时需要专用设备。还有视听文献，包括录音带、录像带、CD、黑胶唱片等音像制品。此外，电子资源，如电子书、在线视频等数字文献也日益普及。这些不同载体的文献都是图书馆馆藏的重要组成部分。

缩微胶卷

　　图书馆会根据不同文献载体，设置不同的阅览室。除了大家常去的图书阅览室、报纸期刊阅览室外，还有阅览珍贵善本古籍的善本阅览室，看地图的舆图阅览室，专门存放年鉴的年鉴阅览室，以及听黑胶唱片、看老电影的视听文献阅览室等。

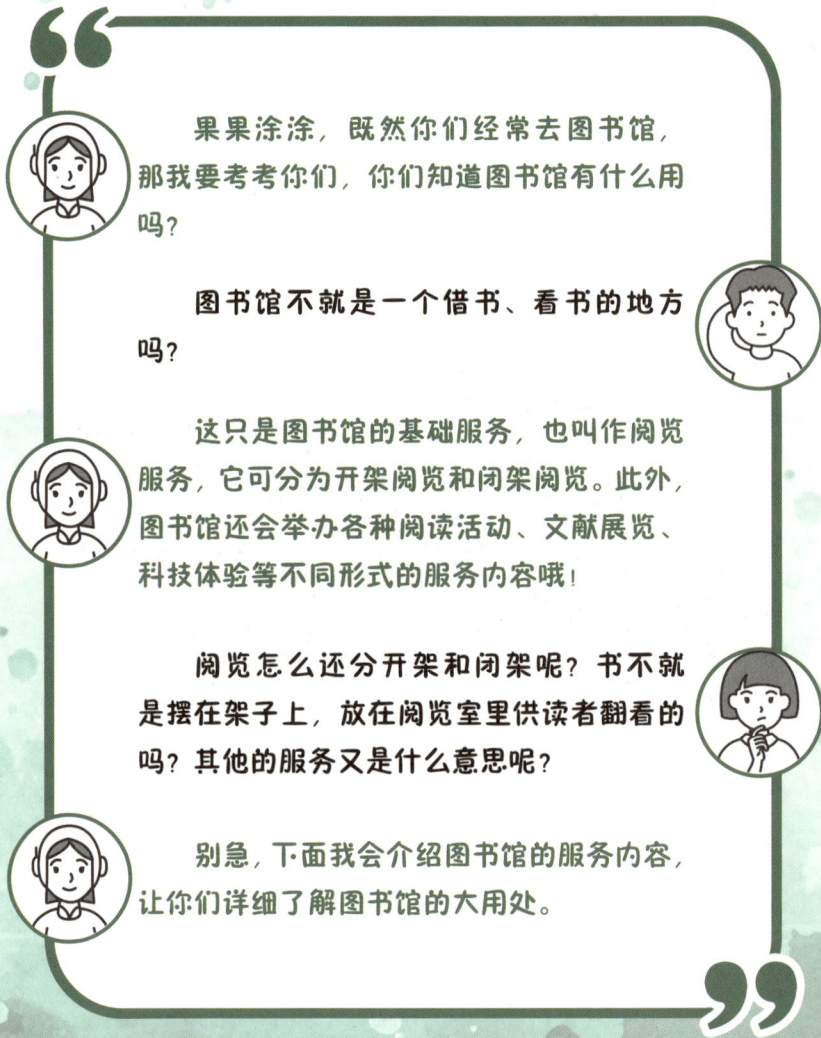

果果涂涂，既然你们经常去图书馆，那我要考考你们，你们知道图书馆有什么用吗？

图书馆不就是一个借书、看书的地方吗？

这只是图书馆的基础服务，也叫作阅览服务，它可分为开架阅览和闭架阅览。此外，图书馆还会举办各种阅读活动、文献展览、科技体验等不同形式的服务内容哦！

阅览怎么还分开架和闭架呢？书不就是摆在架子上，放在阅览室里供读者翻看的吗？其他的服务又是什么意思呢？

别急，下面我会介绍图书馆的服务内容，让你们详细了解图书馆的大用处。

二

图书馆之用：
在知识与读者之间架起桥梁

图书馆就像一个神奇的"知识枢纽"，在这里各种文献不断汇集，读者也可以自由徜徉其中。图书馆的使命是在知识与读者之间架起一座无障碍的桥梁。在这里，每一本书都在等待与它的读者相遇，每一位读者都能找到属于自己的知识宝藏。那么，图书馆能为读者提供哪些服务呢？图书馆里浩如烟海的文献又是怎么来的呢？

1. 服务大探秘：超乎想象的图书馆新玩法

如果你在街上随机找个人问"图书馆能做什么"，大家可能会想到借书、查资料或者上自习。但其实，图书馆的功能有很多。

（1）知识宝库。

走进宽敞明亮的图书馆，从排列整齐有序的书架上取下心仪的图书，找个位置坐下来细细品读……相信这是大多数人在图书馆最常做的事情。其实，这种开放式的阅览方式在图书馆界有个专业名称——开架阅览，这个阅览空间就是开架阅览室（区）。与之对应的阅览方式叫作闭架阅览，也有专门的闭架阅览室（区）。一些特别珍贵、需要特殊保存的图书会被存放在一个非公开区域，或者有的时候因为图书馆的书实在太多了，没办法都进行开架阅览，于是图书馆便会把一部分图书集中放置在书库中作为闭架阅览。如果你需要阅读这些图书，需要向工作人员提出申请，他们会帮你把书找出来。你可以在闭架阅览室（区）内阅读这些图书，但是不可以外借哦！

我们可以把开架阅览的模式理解为吃自助餐，一排排摆满图书的书架好比餐台，你可以像挑选美食一样自由选择想看的书。闭架阅览的模式有点像在餐厅点餐，你需要告诉图书馆员你的需求，他们就会把"知识大餐"送到你面前。

（2）文化游乐园。

不知道你周末的时候喜欢去图书馆吗？周末的图书馆通常会有各种有意思的活动等着你来体验。你可以跟着非遗传承人学剪纸；在"沉浸式阅读"活动中扮演书中角色，或是化身福尔摩斯破解书中的谜题，体验不一样的阅读方式；你甚至还能把自己的读书日记做成实体书，让图书馆永久收藏……

图书馆还有很多有趣的文化体验活动，你可以在讲座或阅读分享活动中探秘创作故事，跟作家零距离对话，问出你心中疑惑已久的问题；你还可以参观各种珍贵文献展览，亲眼看看那些泛黄的、穿越千年的图书，在展柜前了解它们传奇的故事；寒暑假的时候，你可以加入小馆员体验活动，在专业馆员手把手地指导下，解锁图书馆中一项又一项神秘而又有意义的工作。

（3）学术后援团。

图书馆这个知识宝库里，不仅藏着数不清的纸本图书，还有电子书、在线数据库、数字期刊等多种形式的数字资源。当你需要写科学小论文时，通过检索系统就能在数据库中查找到最前沿的研究报告。如果遇到高难度的作业，或者需要查找某些领域、行业的发展趋势，会有专业的馆员为你提供高效的信息咨询服务，帮助你进行科研立项和项目决策。同时，图书馆也是大家撰写学术论文时查找资料的首选地。即使你所在的图书馆没有你想要的学术资料，你也可以通过图书馆的"文献传递服务"获得你需要的资料。

记住，无论以后遇到什么学术难题，你都可以随时求助图书馆这个超强学术"后援团"！

（4）科技体验营。

随着虚拟现实技术（VR）、增强现实技术（AR）的飞速发展和广泛应用，现在的图书馆可以随时变身为科技空间。当你戴上 VR 眼镜，你就能穿越到神奇的恐龙世界；AR 技术能让书中的人物动起来，甚至你们还能隔空击掌。这些黑科技让我们的阅读变得跟玩游戏闯关一样有趣。当你走进图书馆，为你提供服务、推荐图书的还可能是一个会讲冷笑话的机器人馆员呢！

现在的图书馆早已超越传统"安静看书"的阅读空间，发展出丰富多彩的功能。它不仅是人们获取知识的场所，更是融合了数字阅读场所、创客空间、文化交流中心等多种功能的综合平台。图书馆已经成为城市文化生活不可或缺的一部分，持续为我们每一个人提供知识支持和滋养。

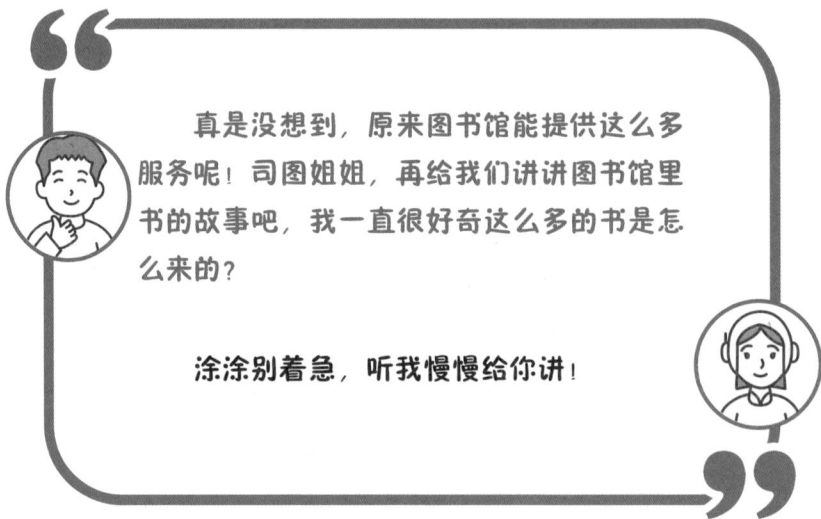

> 真是没想到，原来图书馆能提供这么多服务呢！司图姐姐，再给我们讲讲图书馆里书的故事吧，我一直很好奇这么多的书是怎么来的？
>
> **涂涂别着急，听我慢慢给你讲！**

2. 藏书大追踪：一本书是如何到达图书馆的？

你每次去图书馆看书或者借书的时候，有没有想过图书馆里这么多的书都是怎么来的呢？其实图书馆获取图书的方式很多，我们今天就来讲讲最主要的三个方式：购买、捐赠和交存。

（1）购买。

其实图书馆获取图书最主要的方式一点都不神秘，这和你家图书的获取方式是一样的，那就是购买。图书馆会直接从出版社或者专门为图书馆提供图书的书商那里购买图书。这样不仅能快速收集到最新出版的好书，还能确保书的质量。此外，全国各大城市都会举办一些高质量的书展活动，这些书展就像是图书的"超级购物中心"，里面摆满了各种各样的新书。图书馆会派专人去逛书展，为自己所在的图书馆挑选需要的图书。

（2）捐赠。

当然，购买并不是图书馆获取图书的唯一渠道，图书馆还会收到来自个人或团体的捐赠。一些知名人士、学者、收藏家或出版社等会将一些名人手稿、珍贵文献或收藏的图书捐赠给图书馆。这些他人捐赠的文献不仅丰富了图书馆的馆藏，还传承了文化精神，成为图书馆文化的重要组成部分。

这里，我要重点给你讲讲瞿氏五代人接力守护文化瑰宝的故事。

在江南水乡常熟，有一座私人藏书楼——铁琴铜剑楼。它的得名是因为藏书楼中收藏有一把名贵的铁琴和一柄铜剑。想象一下，铜剑的刚毅与铁琴的优雅，以及书香的温润完美融合，构成了这座藏书楼独特的文化意境。

铁琴铜剑楼

这座藏书楼的主人——瞿氏家族可是当地有名的书香门第。藏书楼的创始人瞿绍基是个超级书迷，收藏了十万多册珍贵古籍，其中宋版书就达 170 多种（相当于今天的绝版珍藏本）。第二代楼主、瞿绍基的儿子瞿镛子承父业，并且大方地欢迎周边的爱书之人来楼里阅读，铁琴铜剑楼也因此成为远近闻名的文化交流中心。

不过，守护这些宝贝可不是件容易的事。为了躲避太平天国战乱，第三代楼主带着藏书四处转移，四年间搬了七次家，才保全了这批珍贵的古籍。清朝末年，日本购入了另一座著名藏书楼——皕宋楼的精华藏书，学术界为之震惊。为防止珍贵文献外流，两江总督端方意图收购瞿氏藏书移交京师图书馆保存。第四代楼主瞿启甲在友人的帮助下，几经斡旋，并保证藏书永无输出，最终保全了家族的珍本。临终前，他留下遗训——"书勿分散，不能守则归之公"，意思是藏书不能被分开，如果无力保存就捐给国家。

第五代楼主瞿凤起谨遵父亲的遗命，从 1950 年 2 月开始，先后分 15 批次将铁琴铜剑楼收藏的全部文物、古籍捐赠给北京图书馆（今国家图书馆）、上海图书馆、南京图书馆以及常熟市图书馆等各级图书馆，是北京、上海、南京、常熟等地图书馆最早馆藏古籍的来源之一。

图书馆为所有读者敞开大门，提供知识服务，每位读者也可以在力所能及的范围内，为这座知识宝库贡献一分力量。通过给图书馆捐赠图书，我们不仅能让自己的藏书找到新家，还能参与到文化传承的活动中来。这就像是在玩一个超有意义的"图书接力赛"，让知识和故事传递下去，是不是很有意义呢？

（3）交存。

前面我们提到了图书馆还有一种重要的获取图书的方式，叫作出版物交存制度。不过，这是少数图书馆才拥有的特权哦！

出版物交存制度，最早可以追溯到清朝末年。1906 年，清政府颁布的《大清印刷物专律》首次以法律形式规定了出版物的缴存义务。

现在，这个制度更加完善了。2018 年颁布施行的《中华人民共和国公共图书馆法》第二十六条明确规定：出版单位应当按照国家有关规定向国家图书馆和所在地省级公共图书馆交存正式出版物。此外，还要求必须在新书出版后 30 天之内送到，以及具体的数量要求等。这些法律法规构成了完整的制度体系，既保障了国家文献资源的完整收藏，也为我国出版物交存制度的完善提供了法律依据。

司图姐姐，现在我知道了图书馆里的书都是怎么来的了。但这么多书，应该怎么管理呢？

别急，接下来我就会给你讲到了。

三

图书馆的"魔法地图"：编目与检索的奥秘

1. 图书馆员的超级技能：管理海量图书

当图书以各种方式从四面八方汇集到图书馆，数量庞大到必须得用"浩如烟海"这个词来形容。如此庞大的藏书量，可想而知你想在图书馆里找到某本书真是犹如大海捞针一般。不过别担心，图书馆里有超级厉害的"图书整理师"——图书馆员！他们使用了一种叫作"图书编目"的魔法，把每本书在图书馆里的位置都安排得明明白白的。

图书编目，就是给每本书创建一个详细的身份档案，为它们分配一个图书馆的身份标识——分类号，并贴上专属的标签。根据分类号，图书将被分门别类地摆放，这样当我们想找某本书的时候就容易多了。这就好比我们买了好多新衣服，需要按照上衣、裤子、帽子、内衣等类别整理到柜子中，以便日后能够快速找到。图书编目的作用与此类似，只不过它的分类体系更加精细，规则更加复杂，是一项需要专业知识和严谨态度的系统性工作。

当图书馆收到一本新书时，首先要做的是对图书进行登记，然后在每本书的书名页（又叫扉页）上盖上图书馆的印章，这样做是为了确保每本书都是图书馆正式入藏的文献。就像有的人获得一本新书的时候，也习惯在书名页上写上自己的名字和购买日期。

接下来，根据图书内容，每本书都会被分配到不同的类别中。比如，侦探小说属于文学类，动物世界属于自然科学类。为什么要给图书分类呢？因为图书馆里的图书都是按照内容排列的，相同主题的图书会被摆放在一起，当你查找某个主题的图书时，也能找到与它相关的图书。这个给图书分类的规则叫作"中国图书馆分类法"。

小贴士

"中国图书馆分类法"简称"中图法"，是我国图书馆整理图书的依据。它采用汉语拼音、英文字母加阿拉伯数字的组合模式，将出版的所有图书分成了22个大类，每一个英文字母代表一个大类，每个大类下面又分了很多小类，甚至再分成子小类。究竟是哪22个大类，我们可以参考下面这张图。

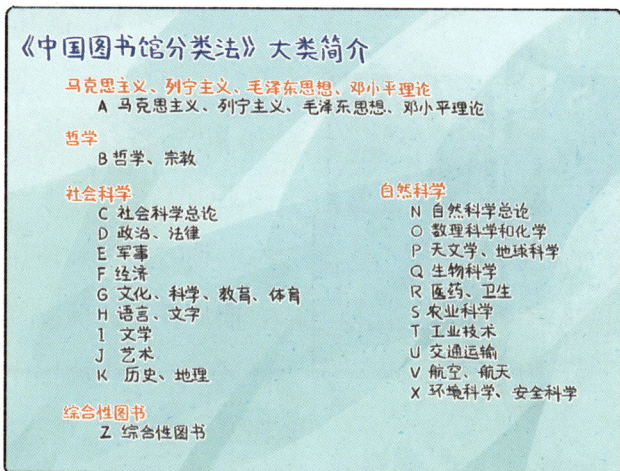

《中国图书馆分类法》大类简介

马克思主义、列宁主义、毛泽东思想、邓小平理论
　A　马克思主义、列宁主义、毛泽东思想、邓小平理论
哲学
　B　哲学、宗教
社会科学
　C　社会科学总论
　D　政治、法律
　E　军事
　F　经济
　G　文化、科学、教育、体育
　H　语言、文字
　I　文学
　J　艺术
　K　历史、地理
综合性图书
　Z　综合性图书

自然科学
　N　自然科学总论
　O　数理科学和化学
　P　天文学、地球科学
　Q　生物科学
　R　医药、卫生
　S　农业科学
　T　工业技术
　U　交通运输
　V　航空、航天
　X　环境科学、安全科学

《中国图书馆分类法》大类简介

确定了图书所属的类别，图书馆员会给这本书创建一份详细记录，包括书名、作者、出版社、出版时间等信息，存储在专用的计算机系统中，作为这本书的"身份信息"，同时为它分配一个条形码，就像我们的身份证号。有了这个唯一的条形码，我们就能方便地管理和查找这些图书了。

你有没有注意到图书馆的书是怎么摆放在书架上的呢？它们通常是书脊朝外竖着排列在书架上的。这是因为图书馆里的图书太多，这样可以合理节省空间。但是只看书脊来识别某本书并不方便，为此工作人员会在书脊上贴上书标。书标太小了，不能显示图书的所有信息，因此，图书馆员把如图书的分类号、图书的出版年份等最关键的一些信息打印在书标上。你可以根据图书的分类号快速定位到某一排书架，再根据书脊上的信息找到具体的书。这里需要提醒一下，书标不是图书唯一的身份标识，它就像是我们的姓名，可能会有重名的哦！

书脊上的书标

SEWX: 少儿文献
2019: 编目年份
1534.8: 分类号, 开卖文学
Le: 作者名字缩写

当每本书都被"精致打扮",有了各自的身份信息后,就要为图书分配住所啦,也就是将图书上架。工作人员会根据图书的读者群体和使用类型,把它们放在不同的阅览室或阅览区域,比如是放在成人阅览区还是儿童阅览区,是开架阅览室(区)还是闭架阅览室(区)。经历了上面一系列的流程,进入图书馆里的书才真正做好了跟读者见面的准备。

> 这就是一本书从进入图书馆到排列上架的全过程。
>
> 原来要把书放在书架上,其间还有这么多事情要做。
>
> 这才仅仅是把书放到书架上,你知道怎么找到这些图书吗?
>
> 这有什么难的,图书馆员会帮我找啊!
>
> 我就知道你不会!

2. 寻找知识的钥匙：如何在图书馆中找到你需要的信息？

想知道如何在图书馆的"书海"中快速找到你想要的那本书吗？那就一定要认识一下图书馆的"寻书神器"——OPAC 系统！OPAC 的全称是 Open Public Access Catalogue，翻译过来就是"开放的公共查询目录"。它就像是图书馆的"智能导航系统"，能帮你轻松找到想要的图书。

OPAC 系统使用起来也超级简单：只要有一台能上网的电脑或手机，你就能查询图书馆的藏书，再也不用担心白跑一趟图书馆啦！输入书名、作者、主题等关键词，OPAC 就会帮你找到所有相关的图书。它不仅能找到书在哪里，还能看到这本书是否被借出，预计什么时候归还，是不是很方便？有些 OPAC 系统还能通过你的借阅历史，推荐你可能感兴趣的书，就像你的私人图书顾问！

国家图书馆 OPAC 检索系统

司图姐姐，我有个问题，OPAC 系统是很方便，但在计算机出现以前，人们是怎么查找图书馆的图书的呢？

那时，人们需要借助"卡片目录"来查找图书。

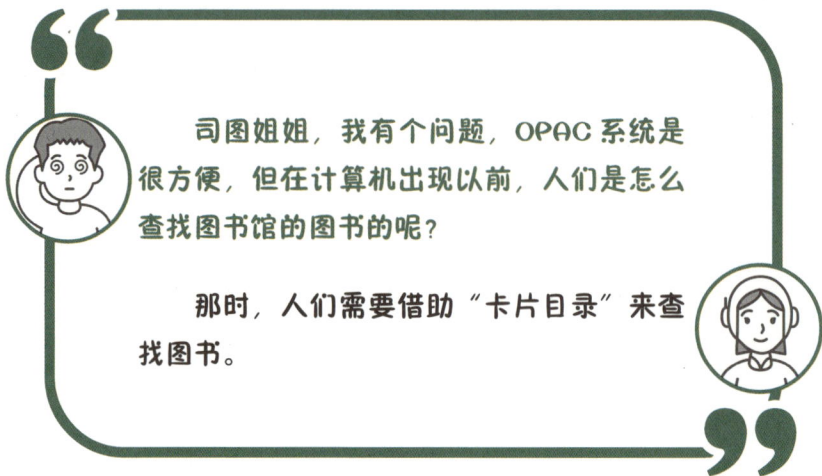

卡片目录主要用于记录图书的身份信息。每张卡片代表一本书，这些卡片按年代和文献类型摆放在柜子里，你需要一张张翻阅卡片，来寻找所需的文献。你没看错，需要一张一张查找。图书馆还得有足够的空间放下这些卡片柜，以前的图书馆简直就像一座"卡片迷宫"。而且手工记录容易出错，可能会遇到想找的书明明在馆却找不到的情况，每本新书还要手工制作卡片，费时费力，更新速度也慢。对比现在，我们只需要在电脑或手机上轻轻一点，就能快速找到想要的书，还能看到书是在书架上，还是被别的读者借走了，是不是很方便呢？这都要感谢科学技术进步带来的便利啊！

卡片目录和目录柜

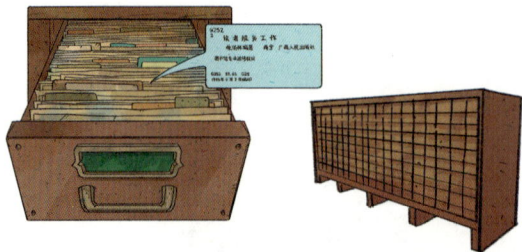

随着科技的进步，图书馆不仅实现了通过计算机和网络来检索图书，还会为图书配一个名为RFID的电子标签，它就像一个定位追踪器。这个电子标签里藏着图书的档案，不仅有书名、作者这些基本信息，还精确记录了图书的"家庭住址"，告诉你它住在哪个阅览室的哪个书架的哪一层。有了这个智能小帮手，图书馆员在整理图书的时候，只需用专门的设备一扫，就能轻松获取每本书的精确位置，就像给图书装上了GPS导航系统。通过架位导航图，你还能知道自己所在位置与目标图书位置的关系，系统还会贴心地为你指出前往图书位置的最佳路径。

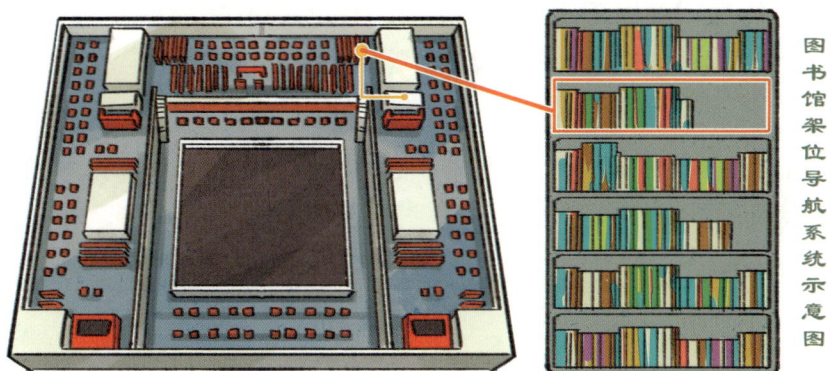

图书馆架位导航系统示意图

通过图书编目和现代技术的结合，我们能够轻松地在书海中找到自己需要的那一本书。下次你去图书馆时，不妨仔细观察一下这些"魔法"背后的细节，感受科技为阅读带来的便利吧！

"

了解了这么多关于图书馆服务和藏书的小知识，接下来我们来认识一下图书馆的大家庭。

图书馆不就是我们经常去的那些吗？还有什么大家庭呢？

我们经常去的叫作公共图书馆，还有一些很奇妙的图书馆，比如真人图书馆、玩具图书馆、种子图书馆等！

哇哦，好神奇，快给我们讲讲吧！

"

四

图书馆大家庭：各种各样的图书馆

图书馆也是一个"大家庭"，里面有各色"家庭成员"。和我们每个人关系最密切的要数公共图书馆了，它们面向所有人开放。从城市图书馆到你家附近的社区图书馆都属于公共图书馆，你在这里可以看到各种不同类型的图书。除了满足普通读者的需求外，公共图书馆还特别关注特殊需要人群的需求，比如根据小朋友、老年人、残障人士的特点，设立了专门的服务区域，提供个性化的文献与服务。

很多大学里也有自己的图书馆——高校图书馆，主要服务老师和学生，为他们的学习和科研提供各种专业图书，就像是学校的"知识加油站"。还有专门为工人、农民、军人、中小学生提供服务的图书馆。最酷的要数数字图书馆了，之所以说它酷，是因为这里所有图书都变成了电子版的，只要有一台能上网的设备，随时随地都能看书，就像把整个图书馆装进了口袋！更厉害的是智慧图书馆，构建了沉浸式阅读体验。

> 那么，国家图书馆属于什么类型的图书馆呢？
>
> 这个问题有点复杂。

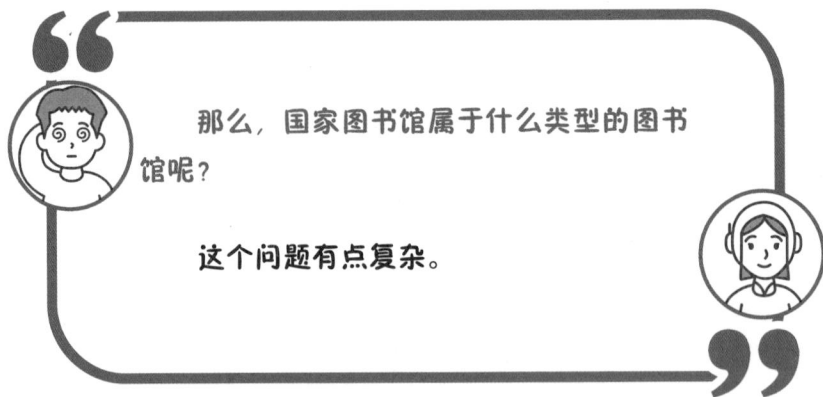

在联合国教育、科学及文化组织（UNESCO）及国际图书馆协会联合会（IFLA）的框架中，国家图书馆因其独特的法定职责，常被单列为"National Library"（国立的或国家级的图书馆），与公共图书馆、高校图书馆并列。除了前面我们提到的国家总书库的职能外，国家图书馆通常还需承担国家文献信息的战略保存、国家书目和联合目录的编制、为国家立法和决策提供信息服务、开展图书馆发展研究与国际交流，以及为其他图书馆提供业务指导和技术支持等职能。

中国的国家图书馆同样承担着上述职能，但它也被纳入了公共图书馆体系，直接面向全国公众提供服务。

此外，我国国家图书馆的地理位置也为其增添了独特优势。它地处高校林立的北京市海淀区，这里有北京大学、清华大学、中国人民大学等众多知名学府，因此颇受北京高校师生们的青睐。例如，中央民族大学与国家图书馆（白石桥馆区）仅一步之遥，师生们散步间即可抵达国图，享受丰富的学术资源与阅读环境。这种便利性不仅促进了学术交流，也为高校师生的学习与研究提供了强有力的支持。

随着时代的进步，图书馆早已不仅只有藏书、借书、看书的功能，而是演变成了充满创意的"知识探索中心"。在图书馆里，知识不再局限于纸质书页或电子界面，而是以各种新奇有趣的形式呈现。想象一下，你可以"借"一个人来聊天，听听他们的人生故事，甚至还能在"图书馆"里借到玩具和种子，在玩耍和种植中学习新知识。这些创意十足的新型"图书馆"，正在重新定义我们对图书馆的认知。它们告诉我们，获取知识的方式可以如此丰富多彩，学习的过程也可以充满乐趣和惊喜。让我们一起走进这个奇妙的"新图书馆世界"，探索知识的无限可能吧！

1. 真人图书馆：借阅人生故事

真人图书馆就像是一个充满惊喜的"人生故事馆"，它诞生于2000年的丹麦，为我们打开了一扇认识世界的新窗口。这里没有纸质书，一个个鲜活的人就是一本本"会说话的书"，传递的是"每个人都是一本待阅读的书"这一核心理念，读者可以直接"阅读"他们独特的人生故事和经历。想象一下，你可以和探险家聊聊惊险刺激的冒险，向法医请教破案知识，或者听留学生讲述异国见闻……这一定能让你获得和阅读纸质书不一样的感受，是不是很有趣呢？

2008年，这个新奇的概念漂洋过海来到了中国。2009年，上海交通大学开展了第一个真人图书馆活动。上海交通大学在实践时还融入了更多的本土特色，并给这个活动起了个特别的名字——"鲜悦"

（living library），意思是"鲜活愉悦地阅读"。活动主办方每期会邀请校园内外颇有建树的特色人物作为"真人图书"，读者可以在一个轻松自在的环境中，与"真人图书"面对面深入交流感兴趣的话题。与国外真人图书馆一对一的交流方式不同，"鲜悦"每次活动时间为3个小时，"真人图书"可以同时被10位不同的读者"借阅"。活动形式类似于小型座谈会，大家可以一起分享、讨论，让知识的火花在交流中迸发。

2012年"世界读书日"，重庆图书馆把"真人图书馆"活动带入了公共图书馆领域。他们精心挑选了10"本"重庆当地"可读性"极强的"真人图书"，其中有探险家、刑侦专家、法医、时尚达人、美食家等，为读者呈现了一场精彩纷呈的"人生故事会"。这些"会说话的书"不仅让读者获得了新鲜有趣的知识，更让大家感受到了不同人生的精彩。

真人图书馆

真人图书馆最特别的地方在于它打破了传统讲座"台上台下"的模式，创造了一种全新的交流方式。在这里，你不需要是某个领域的权威专家，只要你有独特的人生经历或有趣的故事，就可以成为一本值得阅读的"真人图书"。

例如，上海市徐汇区图书馆就把"真人图书"分成了三个类别："大咖""达人"和"凡人"。"大咖"可以是知识界的明星，他们可能是某个领域的专家；"达人"则是生活中的艺术家，比如手艺精湛的匠人；而"凡人"则是我们身边的普通人，他们可能没有耀眼的头衔，但每个人都有自己独特的人生故事。

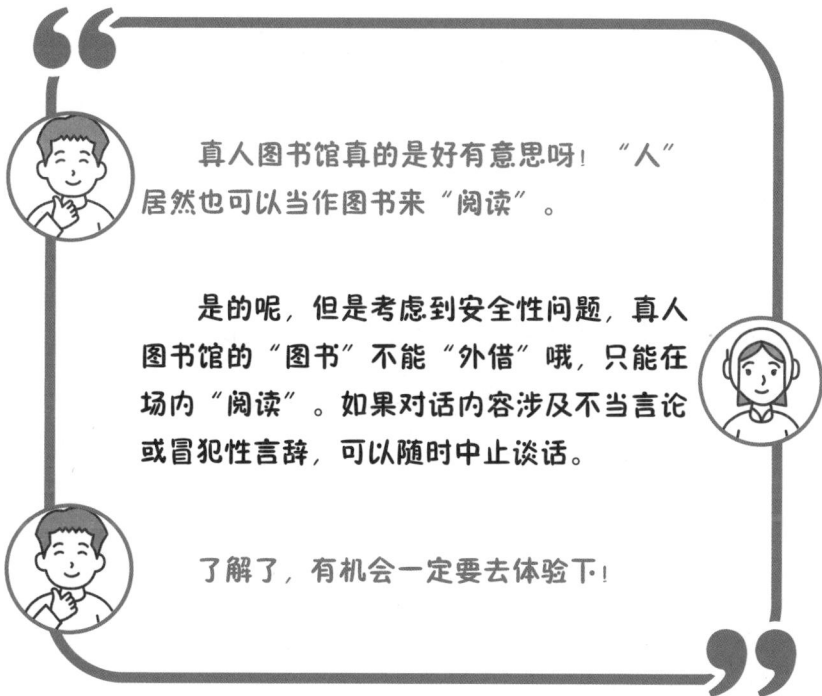

真人图书馆真的是好有意思呀！"人"居然也可以当作图书来"阅读"。

是的呢，但是考虑到安全性问题，真人图书馆的"图书"不能"外借"哦，只能在场内"阅读"。如果对话内容涉及不当言论或冒犯性言辞，可以随时中止谈话。

了解了，有机会一定要去体验下！

2. 玩具图书馆：童年的欢乐城堡

玩具是儿童探索世界的立体"教科书"。玩具不仅能给儿童带来欢乐，还能帮助儿童发展认知能力，提高他们的身体运动协调能力等。想象一下，如果有一个地方，就像在图书馆借书一样，可以让孩子们免费玩或者借各种玩具，那该多好啊！这样的梦想其实已经成真啦！世界上真的有玩具图书馆这种神奇的地方。在这里，孩子们可以像借书一样借玩具，把心仪的玩具带回家玩一段时间，然后再来换新的玩具。

1984 年的国际儿童节当天，我国第一个玩具图书馆在天津市河东区唐口街成立了。之后，我国越来越多的城市开始建立这种充满童趣的玩具图书馆，其中广州图书馆的小河马玩具馆（以下简称"小河马玩具馆"）就是一个很好的例子。

小河马玩具馆成立于 2013 年，2014 年 1 月正式对外开放。这里的玩具可不是随便摆放的哦，它们是根据美国教育家、心理学家霍华德·加德纳的多元智能理论精心分类的，一共分为五大类：视觉与艺术、角色与交流、构建与空间、数学与科学、自然与技术。就像图书馆里的图书有自己的标签一样，每件玩具也有自己的"名片"，上面详细记录了玩具的编号、名称、适合的年龄段、分类、难易程度、材质以及使用的注意事项等。这样，家长和孩子一眼就能找到适合自己的玩具。

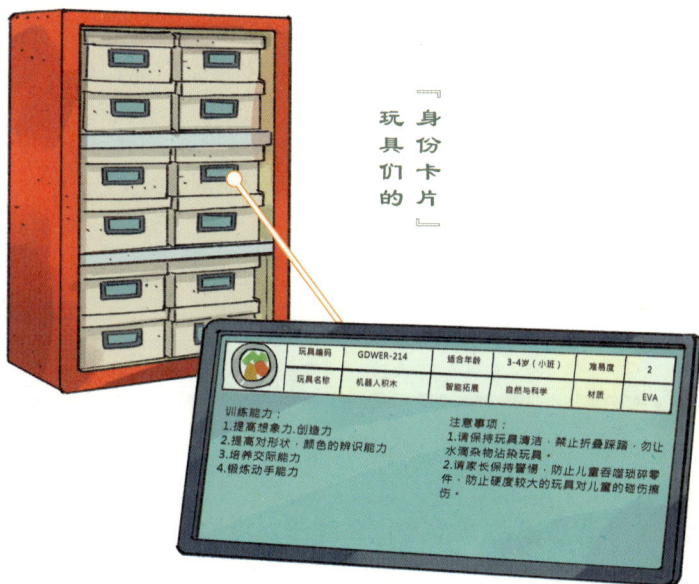

玩具们的"身份卡片"

玩具编码	GDWER-214	适合年龄	3-4岁（小班）	难易度	2
玩具名称	机器人积木	智能范畴	自然与科学	材质	EVA

训练能力：
1.提高想象力、创造力
2.提高对形状、颜色的辨识能力
3.培养交际能力
4.锻炼动手能力

注意事项：
1.请保持玩具清洁，禁止折叠踩踏，勿让水渍杂物沾染玩具。
2.请家长保持警惕，防止儿童吞噬琐碎零件，防止硬度较大的玩具对儿童的磕伤擦伤。

　　小河马玩具馆主要面向1~8岁的儿童及其家长。比如1~2岁小宝宝喜欢的短绒毛的填充玩偶、小型的交通工具、简单的拼图和形状类玩具；3~5岁的学龄前儿童适合玩的积木建造类玩具、拼装玩具、装扮玩具、场景模拟玩具以及难度适中的拼图；6~8岁的大孩子们，这里也有适合他们的更复杂的拼搭建造类玩具、智能玩具、竞技类玩具等。

　　除了这些常规玩具，小河马玩具馆里还有很多特别的图书，如异型书、立体书和玩具书。小河马玩具馆利用这些独特的图书，定期开展主题活动，把阅读和玩耍结合起来，让孩子们在享受玩具乐趣的同时，激发他们阅读的兴趣。

此外，小河马玩具馆还特别关注特殊需要儿童的需求，定期为他们提供集体预约服务。工作人员会根据每个孩子的特点，挑选适合他们的玩具，帮助他们发展智能上的弱项，这对他们的康复也有一定的帮助。这样的贴心服务，让每个孩子都能在这里找到属于自己的乐趣。

3. 种子图书馆：守护生命的希望

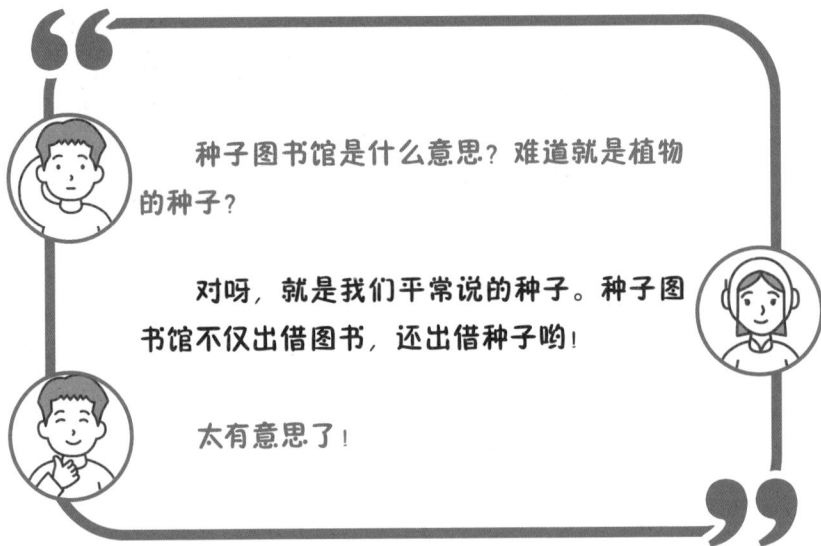

种子图书馆是什么意思？难道就是植物的种子？

对呀，就是我们平常说的种子。种子图书馆不仅出借图书，还出借种子哟！

太有意思了！

种子图书馆是一个特别有趣的地方，它不仅是收藏、展示、借还种子的空间，还是一个让大家学习自然知识的社群平台。为什么要叫它"种子图书馆"呢？因为它和普通图书馆的"借书还书"模式很像，只不过这里借还的是种子。

关于种子图书馆，有一个很有意思的故事。在美国科罗拉多州，有一家很有名的图书馆叫"黑陶图书馆"，但是大家都喜欢叫它"种子图书馆"，这是为什么呢？原来，当时因为互联网的普及，去图书馆借纸质书的人越来越少了，黑陶图书馆的馆长正在发愁如何吸引大家回来？有一天，他在电视上看到美国前总统奥巴马的夫人米歇尔带着两个女儿在白宫的草坪上种菜，还把种出来的蔬菜分享给流浪汉。馆长灵机一动，想到了一个好办法：来图书馆借书的人，可以免费领取一包植物种子。

这些植物种子被分装在小纸袋里，每个纸袋上都写着种子的名称、产地、收获年份，还附有一张植物长大后的彩色照片。黑陶图书馆推出"借图书、送种子"的活动后，果然吸引了不少读者前来。大家不仅借到了书，还带回了一包充满希望的种子，简直是一举两得！

"借"种子回家喽！

"

馆长的这个主意好棒呀！不过我有一个疑问，如果越来越多的读者参与，那图书馆岂不是要一直采买种子，经费够吗？

哈哈，果果考虑得挺长远，不过馆长自有妙招。种子图书馆鼓励大家到了收获的季节，把长得最棒、味道最好的果实的种子收集起来，送还给图书馆，这样图书馆就有源源不断的新种子了。

这个方案确实很棒哟！

"

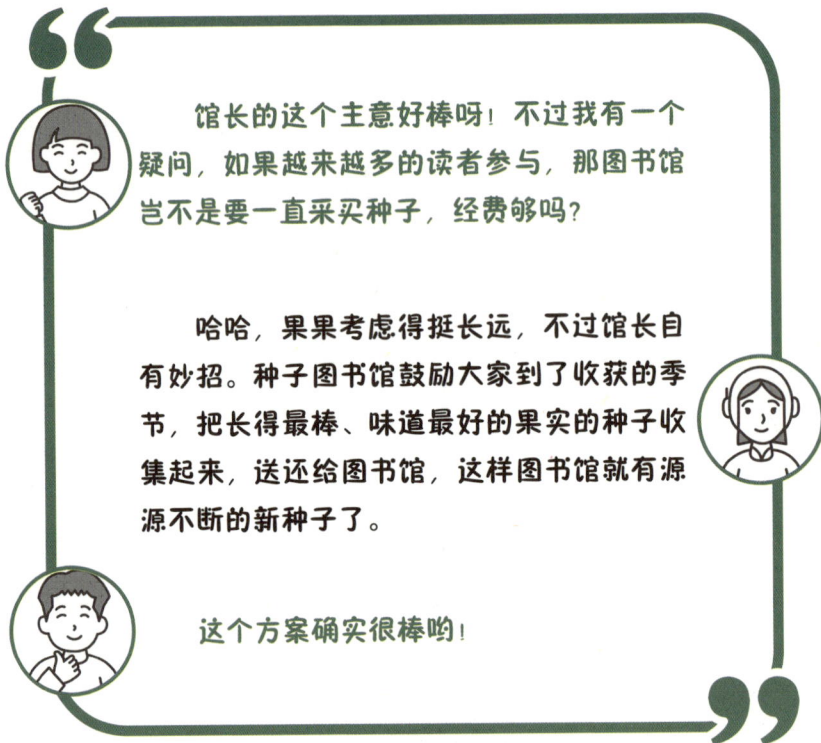

2018 年，北京第一家种子图书馆在海淀区田村街道的西木学堂正式开放。种子图书馆鼓励社区居民，尤其是孩子们把种子借回家，亲手种植，等到收获新种子后再还回来，这样就有更多的人能够借到种子。通过这种方式，种子和知识能不断传递下去，生生不息。

现在，越来越多的种子图书馆在全国各地开花结果。孩子们可以挑选自己心仪的种子带回家种植，体验从播种到收获的奇妙过程。不仅如此，种子图书馆还会邀请专业的自然课程老师，为大家讲解植物的奥秘，带领大家探索大自然的秘密。

图书馆不仅仅是收藏图书的地方，更是知识的宝库、文化的殿堂，甚至是激发想象的乐园。希望大家能多去探索和发现世界上那些奇妙的图书馆。终有一天，你也可以建立属于自己的知识宝库，发现世界的无限可能！

果果涂涂，刚才我带你们了解了各种各样的图书馆，是不是觉得和你们想象中的图书馆更不一样了？接下来，我要带你们去看看图书馆里的"黑科技"，它们让知识的保存和获取变得更加方便。

这个我知道，图书馆里有很多自助设备，比如自助借还机、自助办卡机，有的图书馆还有可以互动的导览机器人……

涂涂，你说的这些已经很常见了，肯定不是司图姐姐要给我们介绍的"黑科技"。

别急，接下来就让我们一起开始这场科技之旅吧！

五

科技改变阅读：
现代化图书馆的"秘密武器"

1. 智能立体书库：机器人的快递王国

不知道你有没有看过中国科幻电影《流浪地球2》？这部电影里最震撼人心的画面之一，就是那个可以把物资和人员运送到太空的新通道——太空电梯。它就像是一个缆绳装置，用一条长长的缆绳，一端固定在位于地球赤道的平台上，另一端紧紧抓住距地面35786千米、在地球静止轨道上运行的航天器，通过形似电梯的吊箱载着货物和人员驶向太空。原本以为这只是科幻世界的天马行空，没想到在现实中也藏着类似的"太空电梯"，只不过它不是位于太空，甚至都不在地上，而是深藏地下。它运输的也不是人，而是图书。这就是位于深圳图书馆北馆地下的无人智能立体书库。

深圳图书馆北馆于2023年建成，它拥有全国最大的地下智能立体书库，用科技魔法重构了传统图书馆的书库运作方式。这个地下藏书王国纵深22米，相当于7层楼的高度，总占地面积2862平方米，足有7个篮球场那么大。每个书库内都设有高大的钢筋书架，这些书架高达 18 米，整齐排列在书库中。书架上摆放着装满图书的蓝色箱子，400 万册图书就住在这 7 万多个蓝色的"书箱公寓"里，15 个全自动机器人负责接送这些箱子。这座地下智能立体书库特别能装，同样大小的空间，它能存放的图书是普通图书馆的 5.5 倍。

这座地下智能立体书库的运转完全自动化，它由不同的智能模块组成，包括立体书库系统、图书分拣系统，以及垂直轨道调阅系统。这些系统能够根据借阅需求，自动从立体书库中调取书箱至工作站，再由工作站的工作人员将读者预约的图书取出装入轨道小车，通过垂直轨道，小车会被自动送至指定楼层。也就是说，当你在自助机上按下借书键的瞬间，机器人快递员就会在地下书库里飞奔，5 分钟内就能从 400 万册书里准确找到你想要的那一本，再通过立体书库的交通网，最终将书送到你手中。这些勤劳的机器人每小时能搬运 1600 多箱书，比人工快 20 倍，大大提高了图书馆的文献使用效率。

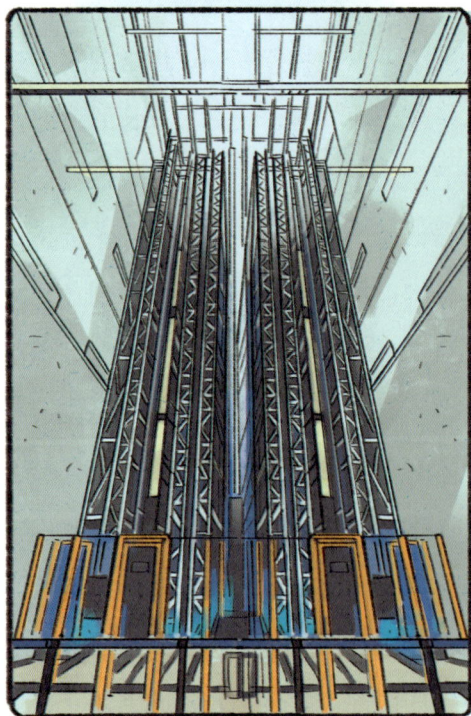
深圳图书馆北馆地下书库

> 深圳图书馆北馆每周末会专门组织读者参观这座地下智能立体书库，为大家展示和讲解它的工作原理，听说名额很紧俏哦！
>
> 真的吗？那我要找机会去一趟深圳，亲眼看看这个系统有多牛！

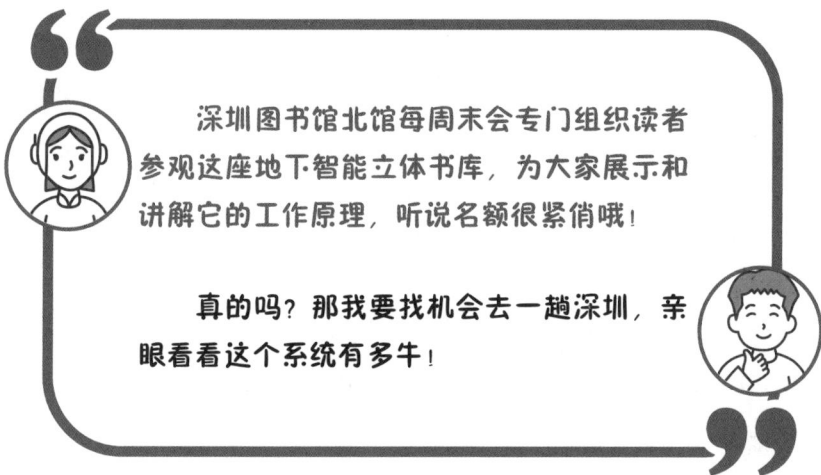

2."未来阅读"：AI馆员与元宇宙奇旅

在历史悠久的北京城，有一座刚开馆就火爆全网的高科技图书馆，它就是2023年底开放的北京城市图书馆。这里不仅有海量藏书，还有会聊天的AI馆员和能让你穿越时空的元宇宙世界。

走进北京城市图书馆，只要你对着屏幕喊一声"你好小图"，AI馆员"图悦阅"就会立刻回应，为你指路、答疑。作为全国图书馆行业首位接入大模型的AI数智馆员，它能帮你查询资料、检索图书，还能根据你的阅读喜好推荐书单。小读者们都非常喜欢跟这位"知识渊博"的机器人朋友聊天互动。

北京城市图书馆还藏着神秘的"元宇宙体验馆"，这里设有"公共元宇宙""个人元宇宙""公共数字人""用户数字人"与"数据之海"五大奇幻体验场景。

在公共元宇宙场景中，你可以通过一块大屏幕，控制自己的虚拟形象，漫游整个图书馆，探索少年儿童馆、古籍文献馆、艺术文献馆、非遗文献馆等主题空间，还能与场景进行互动。

个人元宇宙场景则是结合了虚拟现实技术，你可以在这里建造自己的专属书房，通过视觉、听觉和触觉感受立体阅读的乐趣。

最有趣的就是公共数字人场景，在这里，你可以跟虚拟鲁迅、8岁小朋友图图，甚至未来人聊天。人工智能技术给这些虚拟人赋予了"灵魂"，让他们的回答显得既真实又有趣。

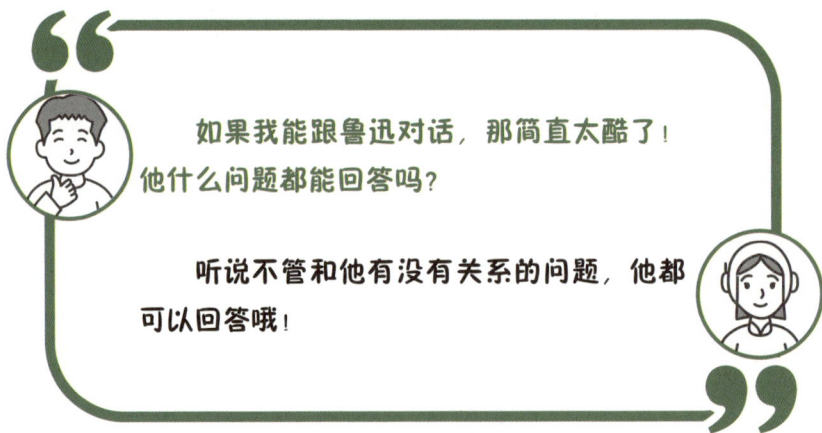

> 如果我能跟鲁迅对话，那简直太酷了！他什么问题都能回答吗？
>
> 听说不管和他有没有关系的问题，他都可以回答哦！

比如，当你问鲁迅"为什么放弃学医改当作家"？在元宇宙体验馆中，虚拟鲁迅会认真回答："我觉得文学不仅可以唤起人们的良知，也可以改变社会的风气，当时的中国正处于水深火热之中，所以我选择弃医从文，希望通过文字唤醒人们的良知，改变社会的现状。"虽然这是 AI 模拟的，但这种跨越时空的对话，能让读者真切感受到文学的温度。

在用户数字人场景中，你可以给自己设计虚拟形象，还能通过数字分身去公共元宇宙交朋友。

最后的数据之海场景，则是把图书馆的馆藏变成了会流动的光影图案，让你可以像看电影一样欣赏知识长河。

北京城市图书馆简直是把科幻搬进了现实，既用高科技提供高效便捷的服务，还能通过 VR 遨游书海，甚至能跟名人时空对话。大家以后来北京，记得来这里体验"未来阅读"的奇妙之旅。

3."采编图灵"系统：智能"图书管理员"

没想到现在图书馆里的借阅系统、互动系统都这么先进，真有意思。

不仅如此，现在图书编目工作也可以交给机器来完成了。

在广东省立中山图书馆，有一套国内自主设计研发的"黑科技"系统——采编图灵系统。自从有了它，图书馆的工作效率简直像开了挂一样，从传统的人工作业，变成了全自动化、数据化、智能化的流程。

采编图灵系统有多灵呢？它就像是一个超级智能图书管理员，能快速而准确地完成图书的识别、加工、在线编目等一系列工作。前面章节我们说到过，原本图书馆的工作人员需要手动完成很多烦琐的任务，比如拆包、核对清单、贴条码、加工、分拣等，不仅工作量超大，速度慢，还容易出错。但现在，有了采编图灵系统，一切都变得轻松多了！

那么，这位"智能图书管理员"是怎样工作的呢？

你可以把采编图灵系统想象成一条智能生产线，当新书被送到图书馆时，它们就像是刚进入工厂的原材料，采编图灵系统首先要做的就是"验货"。一些灵活的机械臂会将每本图书分开，接下来，系统会一步步完成以下任务：

首先，系统会利用机器视觉技术，通过工业相机对每本书进行全方位的拍照，获取图书的封面、封底、版权页和部分内页的信息。系统会根据这些信息核对图书与购书清单是否一致，若没有问题就可以进入后续的编目流程；若与购书清单不一致，系统就会将问题反馈给工作人员来处理。

接下来，系统会将拍照获取的信息生成 PDF 文件，传到后台，交由工作人员完成在线编目工作。然后系统会将图书信息录入到图书馆的管理系统中。

完成在线编目后，系统还会给每本书贴上条形码和 RFID 标签，方便工作人员对图书进行管理和追踪，并盖上图书馆的专用馆藏章等。这些工作都是由机器人完成的。当然为了确保工作质量，在加工过程中，采编图灵系统会实时监控图书的运行状态。

最后，加工完成的图书会根据分类和馆藏规则被分配到不同的区域，比如有的进入库房提供闭架阅览，有的进入阅览室提供开架阅览或者外借。

怎么样，看到这里，你是否了解了采编图灵系统的工作流程了呢？采编图灵系统的效率简直让人惊叹！它平均每小时可以处理约 230 册图书。如果是处理单本书，从接收到上架，最快只要 10 分钟！当面对批量处理任务时，系统依旧展现了卓越的处理效率。比如以处理 2000 册新到馆的图书为例，采编图灵系统可以在 2 个工作日内完成全部工作，而人工处理则需要 20 个工作日。这也就意味着，采编图灵系统帮助图书馆员节省了 90% 的时间。相信在不久的将来，越来越多的图书馆会引入这样的智能系统，为我们提供更加便捷、高效的阅读服务。

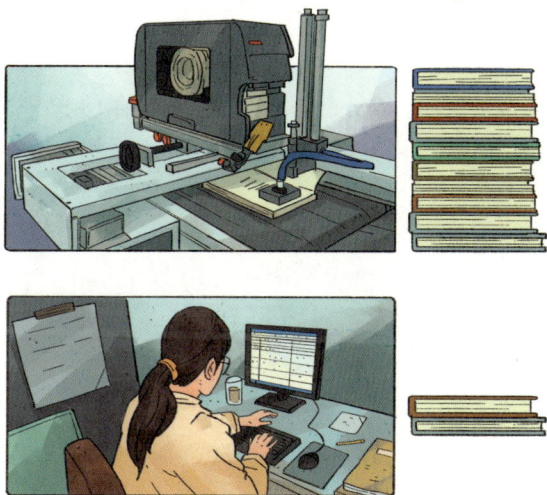

超高效率的图灵系统

49

4. 一些被忽略的图书保护技术

图书馆里不仅有让阅读更便捷、体验感更佳的各种"黑科技"，还藏着很多保护图书的"秘密武器"呢！它们不仅能帮我们保护好珍贵的图书，还能让它们"活"得更久。接下来，我们就一起去揭秘图书馆里的这些神奇技术吧！

比如我们现在熟悉的数字阅读，其实就是一种保护图书的重要方法。通过把纸本的书变成电子版，不仅能避免书本被翻烂、损坏、弄脏，还能让更多人通过数字平台看到这些书。

图书馆里的纸本书通常很"娇气"，对环境的要求特别高。如果空气太潮湿，纸张会发霉或变形；如果光线太强，书页会变黄、变脆，这是因为光线中的紫外线会与纸张中的纤维素发生光化学反应，破坏纤维素的结构，也会使纸张中的漂白剂失效，导致纸张变黄、变脆，因此，图书馆的书架会放在避免强光直射的位置。为避免纸张老化问题，有些书库还会使用除湿机或空调来控制室内温度和湿度，并借助空气净化设备过滤空气中的微粒污染物，从而延长图书的寿命。这些措施就像给书提供了一个"舒适的家"，让它们能"健康"地"活"得更久。

古籍可是图书馆里珍贵的宝贝，但它们往往也更为脆弱。这是因为，古籍所用的纸张年份久远，纸张中出现的酸性物质，会导致纸张老化，从而变黄、变脆，字迹也会变得模糊。为了保护这些珍贵的古籍，图书馆会用到一种叫作"纸张脱酸"的化学技术保护古籍。简单来说，就是使用碱性物质中和纸张中的酸性物质，就像化学课上学到的"酸碱中和"一样。

常见的脱酸方法有气相脱酸法和液相脱酸法。气相脱酸法是利用能气化的碱性物质或挥发性碱性气体渗透到纸张内部，中和酸性物质，目前已经很少使用。当前主流的是液相脱酸法，又分为含水液相脱酸和无水液相脱酸。前者是用碱性水溶液中和掉纸张中的酸；后者则是用无水的有机溶剂来去除纸张中的酸。现在比较常用的是无水液相脱酸法。

还有一种会危害到古籍安全的就是虫害。因为古籍使用的纸张原料，主要是植物纤维，虫子们可爱吃这些东西了！为了保护古籍不被虫子啃坏，图书馆会采取一些特定的方法来驱虫、杀虫。比如，有的图书馆使用如芸香草、樟脑这类天然植物来防虫驱虫。还有一种驱虫方法——低温冷冻杀虫法，就是把古籍放进零下20摄氏度的冷冻柜里冻上半个月，这样就能把书里的虫子和虫卵都消灭掉。

在冷冻前，需要先将古籍用手工纸、无酸纸或水洗棉包裹，再装入聚乙烯密封袋里，尽可能排除密封袋内的空气，使古籍与密封袋紧密贴合，但又不能完全抽干空气，因为真空环境会导致古籍纸张受压变形。然后将古籍放入具有自动除霜循环功能的冷冻柜或冰箱中（温度至少达到零下20摄氏度），冷冻时间大概要持续半个月。杀虫处理后，需将古籍置于室温环境中静置24个小时，待古籍充分适应环境温度后，方可从聚乙烯密封袋中取出。

冷冻杀虫法

　　随着科技的飞速发展，现代图书馆已发展成为融合传统与创新的文化综合体。它既如"历史守护者"般，运用数字化修复、恒温恒湿保存等先进技术，精心保护着珍贵的古籍文献，让中国千年文明得以传承；又如"科技先锋"般，借助虚拟现实（VR）、人工智能（AI）等前沿技术，为读者打造沉浸式的阅读体验，开启知识探索的新维度。可以说，现代图书馆是一个集历史传承与科技创新于一体的文化殿堂，既守护着人类文明的记忆，又引领着未来阅读的发展方向。下次当你再去图书馆时，不妨细细品味这些传统与现代交织的独特魅力。

"

说了这么多图书馆内部的好东西，接下来我将带你们一起领略图书馆的外在魅力——图书馆的建筑之美。

建筑不就是一栋楼吗？

可没有这么简单哦！图书馆的建筑和功能始终随着时代变迁而演进。比如，古代的藏书楼重视图书的保存；近代的图书馆则是藏用兼顾；而现代的图书馆功能更加丰富多样，数字体验、新媒体阅读一应俱全，这些都会影响到图书馆的建筑设计。

"

六

各具特色的知识城堡：
感受图书馆的建筑之美

    图书馆的建筑设计，从来都不是简单的空间营造，而是承载着深厚的文化内涵和时代精神。从古代藏书楼到现代图书馆，建筑风格的演变折射出中国社会的前进轨迹、科技的发展历程，以及人们对知识获取方式的不断探索。

    中国古代藏书楼作为皇家、贵族或私人藏书之所，其建筑风格深深植根于传统建筑美学之中。它们多采用木质和石质结构，遵循宫廷建筑规范，飞檐翘角、雕梁画栋间尽显庄重典雅。这些建筑不仅注重文献的保存与保护，更通过空间布局体现着"天人合一"的哲学思想。

    清末民初，伴随着西学东渐的浪潮，图书馆建筑开始展现出中西合璧的风格。钢筋混凝土结构与中国传统建筑元素巧妙融合，既满足了藏书需求，又彰显了一定的开放包容的精神。这一时期，图书馆逐渐从少数人的私藏转变为面向公众的开放知识空间。

    随着图书馆作为公共文化服务机构的定位日益明确。建筑设计更加注重实用性与功能性，宽敞的阅览空间、科学的藏书布局、便捷的借阅流程，无不体现着"以人为本"的服务理念。

21 世纪以来，中国图书馆事业步入了新的发展阶段。现代图书馆在提升智能服务的同时，更注重营造人性化的阅读空间。它们打破了人们对传统图书馆的刻板印象，通过开放式布局、多功能区域划分、智能化服务等手段，打造出集学习、交流、休闲于一体的文化空间。这些图书馆不仅是知识的宝库，更成为城市的文化地标、阅读活动的中心、文化交流的平台，在提升城市文化品位、丰富人们精神生活方面发挥着重要作用。

接下来，让我们一同走进几座独具特色的中国"网红"图书馆，感受它们如何通过独特的建筑语言，诠释着近现代图书馆的文化内涵与美学追求。

1. 国家图书馆古籍馆：融合历史韵味与知识书香的建筑瑰宝

漫步在北京市中心的北海公园，琼岛西北侧一片气势恢宏的明清建筑群格外引人注目。这里便是承载着百年书香的国家图书馆古籍馆，它不仅是中国近现代图书馆事业的见证者，更是一座融贯古今的建筑艺术典范。

这座知识殿堂于 1931 年落成，当时的总建筑面积达 11800 平方米。20 世纪初，在变法图强与西学东渐的浪潮中，清政府终于意识到启迪民智的重要性。1909 年，一道御批让京师图书馆（国家图书馆前身）在什刹海广化寺应运而生。然而，偏居一隅的地理位置让这座新兴的知识殿堂难以施展抱负。直到 1929 年，北平市政府为国立北平图书馆（京师图书馆更名）选址在北海之畔，这座肩负文化使命的建筑终于找到了理想的归宿。为纪念馆内珍藏的文津阁《四库全书》，图书馆门前的街道被命名为"文津街"，从此，这条街就与书香气息紧密相连，成了北京城里最有文化韵味的地方之一。

国家图书馆古籍馆文津楼

驻足古籍馆门前，两尊威严的石狮子默默守护着这座知识殿堂。穿过琉璃瓦顶的朱红大门，映入眼帘的是一座座气势恢宏的宫殿式建筑，院内还珍藏着从圆明园迁来的文物。文津楼是古籍馆的主楼，它的造型特别有意思，就像一个巨大的"王"字稳稳地站在那里。这座三层大楼由前楼、中楼、后楼和东西两侧的配殿构成，月台和回廊相互呼应，特别好看。它的设计灵感源自故宫里最气派的太和殿，屋顶是古代皇家建筑特有的重檐庑殿顶，铺着闪闪发光的绿色琉璃瓦。

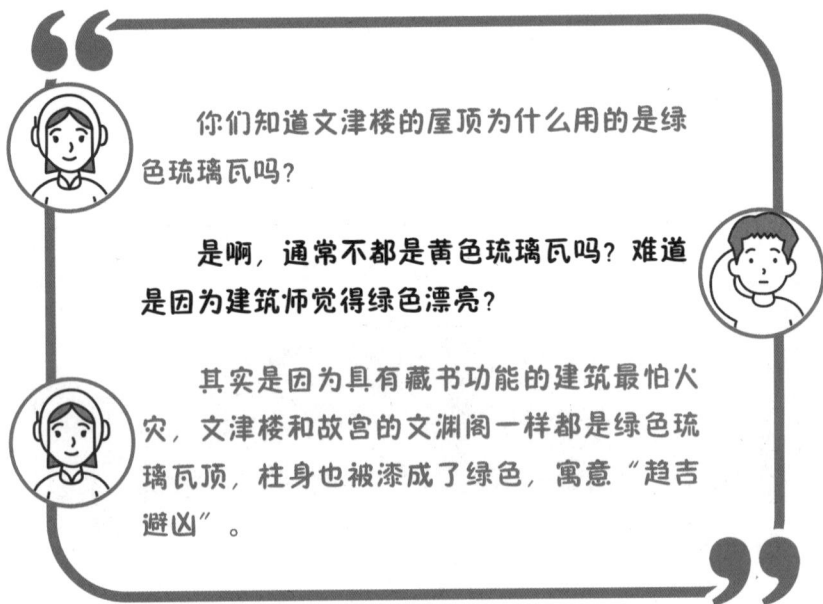

你们知道文津楼的屋顶为什么用的是绿色琉璃瓦吗？

是啊，通常不都是黄色琉璃瓦吗？难道是因为建筑师觉得绿色漂亮？

其实是因为具有藏书功能的建筑最怕火灾，文津楼和故宫的文渊阁一样都是绿色琉璃瓦顶，柱身也被漆成了绿色，寓意"趋吉避凶"。

然而，这座看似传统的建筑却暗藏玄机。设计师大胆采用了钢筋混凝土结构，既拓展了内部空间，又延长了建筑寿命。宽敞明亮的玻璃窗引入了充足的自然光，为读者提供了理想的阅读环境。古籍馆的落成，开创了中国近现代图书馆建筑的新纪元。

古籍馆落成之际，经北平市政府特批，一批珍贵的圆明园文物迁入馆中，为这座知识殿堂增添了几分厚重的历史底蕴。走进文津楼前的院子，你会看到一对高大的华表，这对华表原本是圆明园安佑宫的"门卫"，现在它们来到了这里，默默地守护着这座知识的殿堂。在文津楼一号楼的台阶中央，有一块特别漂亮的蟠龙丹陛石，上面刻着两条活灵活现的龙在戏珠的图案，下面还有波浪的雕刻，看起来非常生动。这些珍贵的文物，让这座中式建筑显得更加庄重优雅，处处都体现出浓浓的文化气息。

文津楼门前的蟠龙丹陛石

经过扩建，现在的古籍馆足足有 30000 平方米呢！文津楼和临琼楼是主要的阅览区，里面收藏着许多珍贵的文献：有明清到民国时期的古籍，也有中华人民共和国成立后新印的古籍（就是依照古籍纸张重新印刷的古籍）；有记录家族历史的家谱，还有记载地方特色的方志。这些珍贵的文献就像一座跨越时空的知识宝库，等着我们去探索发现！

2. 北京城市图书馆：144 棵 "银杏树" 撑起的 "水晶艺术宫"

北京城市图书馆的设计理念源自华夏文明中 "赤印" 这一承载千年文脉的文化意象。作为整体建筑的灵魂，北京城市图书馆的外观造型恰似一方精致的玉玺轻轻印在城市 "绿肺" ——城市绿心森林公园的绮丽图卷上。北京城市图书馆带给我们的惊喜，就如同一本精彩绝伦的书，仅仅翻开扉页是远远不够的。随着深入探索，更多精妙绝伦的设计细节、先进便捷的服务设施，都将逐一呈现，引领我们步入一个又一个知识与美的奇妙境界。

（1）晶莹剔透的 "玻璃巨人"。
北京城市图书馆的建筑设计中融入了大量的绿色环保元素，首先值得一提的就是其玻璃幕墙。从外观看，北京城市图书馆就像一个巨大的水晶盒子，全身上下没有一砖一瓦，而是闪闪发亮的玻璃幕墙。

这些玻璃幕墙可不简单，它足足有七层，叠加在一起厚约 14 厘米，通常家里的窗户玻璃也就 0.5 厘米厚。

图书馆南北两侧入口处的单片玻璃更是堪称"巨无霸"：宽度达到 2.5 米，高度有 15.3 米（相当于一栋五层小楼的高度），重量更是惊人，足足有 10.64 吨，堪比一辆中型卡车的重量！最惊人的是，这些大块头玻璃用了一种特别的方法"站立"，叫作"互为玻璃肋支撑结构"。简单来说，这种设计既没有使用竖向的龙骨支撑，也没有采用常见的铁架结构，而是巧妙地让玻璃支撑玻璃，通过结构胶将玻璃面板牢固地黏结成一体。这些玻璃面板不仅要承担自身的垂直荷载，还要承受相邻板块传递的水平荷载。这种创新的设计理念在世界上也是头一回呢！

互为玻璃肋支撑结构

这种独特的玻璃幕墙设计让图书馆充满了活力！阳光可以自由地照进室内，让整个空间都明亮通透，从里往外看视野特别开阔。最神奇的是，当阳光穿过这些玻璃时，会在地面和墙上"画"出美丽的光影图案。在这里读书，你会感觉整个知识世界都向你敞开了大门，让人心情愉悦，阅读时也格外轻松自在。

（2）银杏谷。

> 涂涂，你看北京城市图书馆的屋顶！是不是像张开的伞一样。
>
> **是的，伞面看起来好像树叶的形状。**
>
> 涂涂说得没错，那是银杏叶。

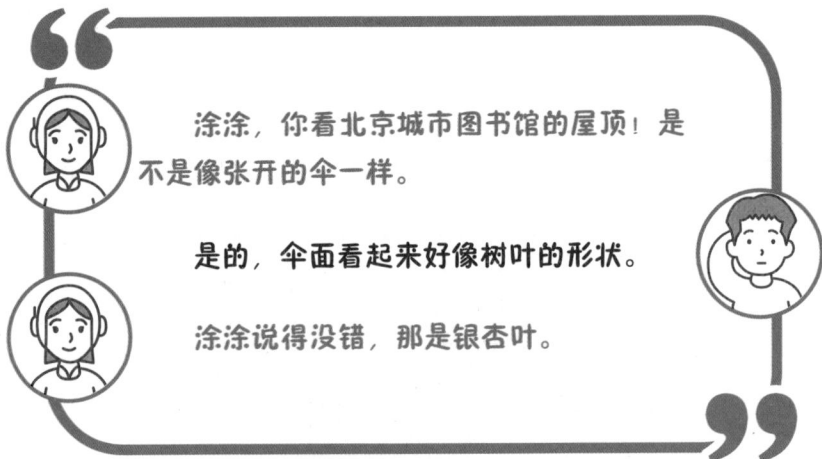

在这座充满智慧的知识"丛林"里，藏着一个神奇的地方——"银杏谷"。这里有144根高大的柱子，就像一片茂密的银杏林，每根柱子都像银杏树坚实的树干一样挺拔。这些柱子不仅看起来特别壮观，里面还藏着很多秘密呢！这些柱子巧妙地容纳了电线、消防管道和网络线路。每一根柱子都是科技与艺术的完美结合，既实用又美观，让人不得不佩服设计师的巧思！

银杏谷

在"银杏树"的顶端，有近千片特别的银杏叶，每片叶子都戴着一顶神奇的"科技帽子"——小巧的太阳能板。这些神奇的"小帽子"一年四季都在工作，为图书馆提供清洁的绿色能源。更厉害的是，每片叶子里都藏着高科技装备，有蓝牙设备、无线路由器，还有各种精密的安防和消防装置。

北京城市图书馆彻底颠覆了大家对图书馆的固有印象！它不像传统图书馆那样用钢筋水泥把自己封闭起来，而是采用了开放式的设计和透明的玻璃幕墙，让阳光、城市风景和阅读空间完美融合。这里就像一个随时欢迎市民光临的"城市会客厅"，大家可以自由自在地进出。想象一下，在"山间树下"读书，感受着四季变换的光影，是多么惬意的事情啊！

这样一座既神奇又充满智慧的图书馆，是不是已经让你心驰神往，迫不及待想要去一探究竟了呢？

3.广州图书馆：建筑与历史文化的传承

图书馆作为文化传承的重要载体，既守护着人类智慧的结晶，又肩负着展现地方文化特色的重任。在一些历史悠久的城市中，图书馆的建筑设计常常巧妙地融入了当地的文化元素，通过独特的建筑风格和精美的装饰细节，展现出浓厚的地域风情，让读者在书香中感受城市的文化魅力。

广州图书馆

以广州图书馆为例，它的建筑设计就巧妙地融入了岭南建筑的精髓。在图书馆一楼的入口处，有一个特别的设计——"岭南独立柱"，这个创意来自岭南传统建筑"骑楼"。这样的设计不仅传承了岭南建筑的传统智慧，更让读者一走进图书馆，就能感受到浓浓的岭南文化氛围。

小贴士

骑楼是 20 世纪初岭南地区特有的一种临街建筑。到了 21 世纪初，广州市在扩建道路时，巧妙地将西方古典建筑的券廊风格与本地传统建筑相结合，创造出了独特的"骑楼"建筑。这种建筑最特别的地方就是通过底部一排排柱子，巧妙地将建筑划分为"上楼下廊"的设计：上方是向外延伸的楼房，像一把大伞一样遮盖着下方的人行道；下方则是宽敞的走廊，既能遮阳挡雨，又成了室内外的过渡空间。这种设计特别适合岭南地区的气候，不仅实用，还充满了浓厚的生活气息，让整条街道都显得格外热闹温馨。

广州图书馆是一座令人惊叹的建筑。它高 50 米，东西长 140 米，南北宽 80 米，由南楼、北楼和中庭组成。最引人注目的是，当你站在馆前抬头看时，会发现南楼和北楼像两个好朋友一样互相依偎，形成一个独特的"人"字形，象征着图书馆是为人服务的。南北楼最大倾斜角度达到了 14.5 度，广州图书馆也因此成为中国当代建筑中"最斜的建筑"。更神奇的是，这么复杂的斜楼竟然只有南楼门口的一根独立支柱支撑，展现了设计师和建筑师高超的设计和建筑水平。

建筑外墙采用了层层叠叠的石材设计，就像随意堆叠的书本，又像是自然流动的瀑布，给人一种文化积淀的感觉，吸引着人们去探索。从远处看，整座建筑就像一件巨大的雕塑，充满了现代感和灵动感，完全打破了传统图书馆沉闷、封闭的印象，营造出一个自由开放的空间，让人耳目一新。

4. 苏州图书馆：在雅致的江南园林中品味书香

在如诗如画的江南水乡，苏州图书馆就像一颗闪亮的明珠，静静地讲述着这座古城千年的书香故事。这座图书馆始建于 1914 年，它的"前世"可以追溯到清朝末年的正谊书院学古堂。经过百年的风风雨雨，它见证了苏州文化的传承与发展。

2001 年 6 月 18 日，一座既古典又现代的新图书馆在苏州市人民路优雅亮相。这座占地 16000 平方米的文化地标，巧妙地将 25000 平方米的建筑空间融入江南园林的美景中。漫步其中，你会看到白色的墙壁、黑色的瓦片与假山、碧绿的池塘相映成趣，曲折的回廊里飘着书香，完美体现了"建筑像园林，功能很现代"的设计理念。

馆区内，近代园林建筑天香小筑静静地矗立着，为读者提供了一个既能读书又能欣赏园林美景的雅致空间。在这里，每一扇花窗都像一幅美丽的画，每一处回廊都像一首动人的诗，让读者在书香和园林的交融中，感受苏州这座千年古城的独特魅力。

天香小筑

　　通过刚才的介绍，希望大家能用新的视角来看待我们身边的图书馆。其实，在我们周围还有很多设计独特的图书馆等着我们去发现呢！比如"漂浮"在水面上的上海青浦图书馆，被称为"滨海之眼"的天津滨海图书馆，还有国内最大的单体图书馆——上海图书馆东馆。下次当你路过这些图书馆时，不妨走进去看看，相信你一定会发现许多意想不到的惊喜！

前面我们介绍了图书馆的发展历史、使用技巧，还有图书馆的一些特色文献、先进技术和独特建筑。其实，不得不说的还有对中国图书馆事业做出巨大贡献的人。下面，我就给你们讲讲他们的故事吧！

我知道！毛主席就曾当过图书馆员！

涂涂还真是做了一点功课哦！那我再给你详细讲讲吧！

七

甘为知识阶梯：
中国图书馆事业的奠基者

　　"我常常想象，天堂应该就是图书馆的样子。"这句出自阿根廷文学大师博尔赫斯的诗句，以其深刻的意境和永恒的魅力广为流传。然而，在这座承载着人类文明的知识殿堂背后，有一群默默奉献的守护者。他们隐身在宏伟的图书馆穹顶下，穿梭在无尽的书架间，用无声的付出为世人搭建起通往智慧的桥梁。现在，就让我们一起了解那些为图书馆事业奉献一生的杰出人物的故事。

1. 维新派中的文化工程师

　　首先，让我们认识一位在中国近现代史上留下深刻印记的人物——梁启超。1873 年，梁启超出生在广东新会的一个书香世家。你可能知道他是一位著名的政治家、思想家、教育家和文学家，但你可能不知道，他还是中国近现代图书馆事业的开拓者和奠基人。虽然他在晚年才全身心地投入图书馆事业，但早在年轻时，他就展现出了对图书馆事业的远见卓识。他不仅亲自创建图书馆，还提出了一系列符合中国国情的图书馆学理论。

梁启超从小就聪明过人，11岁就考中了秀才，16岁就中了举人。虽然17岁时参加会试没有成功，但这并没有阻挡他对知识的渴望。在广州万木草堂求学期间，梁启超遇到了影响他一生的导师——康有为。19世纪末，康有为的新思想像一剂强心针，深深震撼了年轻的梁启超，促使他毅然决定追随康有为学习。

梁启超在万木草堂求学

万木草堂不仅是康有为讲学的地方，更是一个知识的宝库。这里收藏着康有为的私人藏书，既有古籍，也有当时的中西文图书。为了更好地利用这些资源，梁启超和同学们一起创立了"万木草堂书藏"。这个由学生自己管理的图书机构，已经有了图书馆的雏形。梁启超还制定了严格的轮值管理制度，建立了完善的借阅登记制度，展现出了出色的组织和管理才能。

在万木草堂学习期间，梁启超阅读了大量的国内外图书，不仅养成了良好的阅读习惯，还接触到了西方的近代图书馆，这让他深刻认识到图书馆在社会教育中的重要作用。此后，他成为图书馆"推广大使"，在文章中大力宣传图书馆的社会教育功能，强调图书馆应该广泛收藏中外图书报刊，供人们学习。他还创建了"强学会"书藏等新式图书馆，开创性地将西方图书馆管理方法引入中国，向公众开放藏书。虽然"强学会"书藏因为戊戌变法的失败而夭折，但其影响深远，推动了全国各地维新派人士创建向公众开放的图书馆。

戊戌变法失败后，梁启超去往海外，在美国时，他参观了波士顿市立图书馆、美国国会图书馆等著名图书馆，深受触动。这些由当地税收支持的公共图书馆实行开架阅览制度，与当时中国的传统藏书楼形成了鲜明对比。这次实地考察对梁启超日后推动中国图书馆事业的发展产生了深远影响。

1920 年，梁启超回国后，便将主要精力投入文化教育事业，特别是图书馆的建设中。1925 年，他推动成立了中国图书馆界第一个全国性学术团体——中华图书馆协会，并担任第一任会长。在就职演讲中，他提出了"建设中国特色图书馆学"的观点。面对当时"全盘西化"的思潮，梁启超主张在吸收西方先进经验的同时，也要尊重中国传统文化和图书分类特点，实现中西文化的有机融合。

梁启超不仅学识渊博，更具有敏锐的洞察力。他在协助康有为校书时，深入研究了图书考订，著有《古书真伪及其年代》一书。1896 年，他在《时务报》上发表《西学书目表》，创造性地将西文图书分为西学（算学、电学、化学、医学等）、西政（史志、官制、法律、商政等）、杂类（游记、西人议论之书等）三大类二十八小类，突破了传统"四分法"的局限。此后，他更创立了"十进分类法"，将古今中外图书分为总类、哲学宗教、历史地理等十大类，开创了中国图书分类的新纪元。

小贴士

考订，主要是在文学、历史学、考古学等领域经常提到的一个名词，意思是考据（证）、订正，就是在研究文献或历史时，根据资料来证实和说明。

考据学主要是对古籍文献加以整理、校对、注疏等工作。

梁启超凭借他卓越的理论洞见和实践智慧，成功推动了中国古代藏书楼向近代图书馆的历史性转变。他打破了知识垄断的壁垒，将仅供少数人使用的藏书楼转变为向公众开放的图书馆，使知识从"私人珍藏"变成了"全民共享"的文化财富。

1929 年 1 月，这位文化巨匠与世长辞，他的亲属秉承他的遗愿，将他毕生珍藏的典籍全部捐赠给了国立北平图书馆（国家图书馆前身）。这些承载着历史记忆的珍贵文献，至今仍珍藏在国家图书馆中，它们不仅是梁启超毕生倾注于图书馆事业的见证，也延续着他"开启民智、传播知识"的理想。

2. 推动阅读革命的"狂人"

如果说梁启超在图书馆学理论、图书馆建设和管理方面做出了开创性的贡献，为中国图书馆事业的发展打下了坚实的基础，那么接下来要介绍的这位文化巨匠，则在提升社会文化意识和推动图书馆普及方面产生了深远影响。他就是鲁迅。

鲁迅 1881 年出生于浙江绍兴，原名周樟寿，后来改名周树人，是中国著名文学家、思想家。

前面章节我们提到过鲁迅对京师图书馆的重要贡献。如果说《四库全书》《永乐大典》是中华典籍中的璀璨明珠，那么鲁迅就是一位卓越的"明珠守护者"。他倾尽全力保护它们，并为它们找到了理想的归宿——京师图书馆。然而，鲁迅的贡献远不止于此。他不仅努力改善了京师图书馆的馆舍环境，更从根本上改变了图书馆的性质，使其从一个仅供少数精英使用的地方，转变为面向大众开放的公共文化空间。正是鲁迅的不懈努力，推动了图书馆大众服务理念在中国的生根发芽。可以说，今天我们能够自由出入图书馆、享受阅读的权利，离不开鲁迅的远见卓识和卓越贡献。

清末民初，京师图书馆的建设陷入困境。时任教育部某部门官员的鲁迅临危受命，肩负起振兴图书馆事业的重任。初到北京任职，他便全身心投入京师图书馆的改造工作中。面对馆舍位置偏僻、空间狭小、藏书条件恶劣等诸多难题，鲁迅积极奔走，为筹建分馆四处考察选址。在解决馆舍问题的同时，鲁迅提出了他对图书馆服务理念的独到见解。他认为，作为面向公众开放的教育场所，图书馆不应设置任何门槛。当时实行的"观书券"制度将许多经济困难者拒之门外，这与图书馆的公共属性背道而驰。

观书券，有的图书馆也叫"阅览券""入览券"，是当时人们进入图书馆阅读的凭证，也反映了当时图书馆是收费服务的。这一制度在清末和民国时期被广泛应用，图书馆通常要求读者持券入馆，以便于管理和统计。这个制度是借鉴了日本图书馆的收费制度。1904年，湖南图书馆建立时就采用了日本的这一制度，规定读者进入图书馆必须购买阅览券，并根据阅读时长和频率支付相应的费用。1910年，清政府学部拟订的《京师图书馆及各省图书馆通行章程》中就规定，读者必须持有观书券才能进入图书馆，这意味着清政府正式采纳收费服务这一做法，并将其以法规的形式确立下来。

小贴士

1912 年批准的《京师图书馆暂定阅览章程》中规定，"凡观览本馆图书者，除持有优待券外，应于入馆以前购入览券。券分两种：甲，普通入览券；乙，特别入览券。甲，每券得取阅各书五十册，铜币四枚。乙，每券得取阅各书十册，铜币二枚"。直到 1929 年，京师图书馆的书报阅览才开始不收取费用。

此外，鲁迅还注意到馆藏图书以古籍为主，缺乏适合普通民众阅读的通俗读物。基于他的这些观察，鲁迅在改造京师图书馆的同时，开始着手筹建一座全新的图书馆——京师通俗图书馆。

京师通俗图书馆的建立，就像在中国大地上种下了一颗知识的种子，开启了中国图书馆事业的新篇章。作为中国第一所真正意义上的大众图书馆，京师通俗图书馆被鲁迅赋予了"启发民智、推进民主"的神圣使命。这座图书馆不仅收藏了大量通俗易懂的图书，还设有新闻阅览室和科技阅览室。对于普通民众来说，它就像是一扇打开新世界的大门，让他们能够了解时事动态、接触前沿科技。与此同时，鲁迅还特别设立了儿童阅览室，这在当时可是非常前卫的做法。作为教育部的官员，鲁迅深知启蒙教育的重要性，因此特意为孩子们打造了一个自由阅读、快乐学习的空间。

在鲁迅的积极推动下，短短六年时间，北京城内相继建成了四座各具特色的图书馆：焕然一新的京师图书馆及其分馆、面向大众的京师通俗图书馆，以及中央公园图书阅览所。作为这一时期图书馆事业发展的核心推动者，鲁迅不仅为中国图书馆事业的发展做出了卓越贡献，更为新文化运动的开展、青年一代的成长，乃至新时代的到来奠定了坚实的文化基础。他的远见卓识和务实精神，至今仍影响着中国图书馆事业的发展方向。

3."中国图书馆分类法"的奠基人

最后，让我们走近中国近代图书馆学的奠基人之一的刘国钧。1899年，刘国钧出生于江苏南京，他是我国著名的图书馆学家、哲学家。1920年，刘国钧从南京金陵大学毕业后，留在母校从事图书馆工作。1922年，他前往美国威斯康星大学深造，三年后获得博士学位并返回母校金陵大学，担任图书馆中文部主任，正式开启了他的图书馆事业。他在图书馆建设、理论研究、分类法设计、目录管理，以及图书馆学教育等诸多领域都做出了开创性贡献。可以说，图书馆学的每一个重要领域都留下了他的智慧印记。

工作中的刘国钧

在刘国钧的诸多贡献中，与图书馆应用直接关联的，当属对图书分类法的创新。分类法犹如为图书馆的浩瀚书海绘制了一张"智能地图"，将海量文献按照学科体系井然有序地排列。今天，全国各级各类图书馆普遍采用的"中国图书馆分类法"，正是建立在刘国钧开创性的工作基础之上的。这部分类法不仅极大地方便了读者检索，也为图书馆的科学管理提供了重要工具。

图书分类法的历史与中国的藏书文化密不可分。早在西汉时期，随着国家藏书规模的扩大，图书分类的需求便应运而生。西汉的刘歆编撰的《七略》开创了"六分法"的先河，将图书分为六艺略、诸子略等六大类。东汉班固在《汉书·艺文志》中继承并发展了这一分类体系，使之成为研究中国古代图书分类的重要文献。

随着时代的变迁，特别是佛教、道教的传入，传统的六分法已难以适应新的知识体系。唐代魏徵在《隋书·经籍志》中首创经、史、子、集"四部分类法"，这一体系在此后千年间成为中国图书分类的主流标准。即便在今天，当我们浏览古籍时，依旧能感受到这一传统分类法的深远影响。

清末民初，面对西方文化的冲击，中国图书分类法迎来了新的变革契机。学者们开始借鉴美国著名学者杜威的"十进制分类法"，先后编制了多部具有影响力的分类法。刘国钧基于杜威分类法的基本原则，于1929年编制了《中国图书分类法》，创造性地提出了"九分法"，将图书分为总类、哲学、宗教等九大门类。这一分类法的独特之处在于，它既妥善处理了中国古籍的分类问题，又成功融合了现代知识体系。《中国图书分类法》一经推出便广受欢迎，到20世纪50年代，全国已有近200家图书馆采用这一分类体系。刘国钧的贡献并未止步于此。1971年，我国开始编制新版《中国图书馆分类法》，刘国钧也参与其中，继续为我国图书馆事业出谋划策。

从古代到近现代，图书分类法的演进历程折射出人类知识体系的嬗变轨迹。正如知识的积累永无止境，图书分类法的革新也必将与时俱进。中国图书馆事业的发展历程，凝聚着一代代图书馆人的智慧与心血。他们以开放包容的胸襟吸纳先进理念，以立足本土的智慧构建特色体系，在传统与现代、东方与西方的交汇中，开创出一条独具特色的发展道路，为知识的传播与文明的传承奠定了坚实基础。

　　下次当你走进图书馆，在书架间流连，在阅览室静读时，不妨驻足片刻，想想那些为图书馆事业倾注毕生心血的先贤们。正是他们的远见卓识和不懈努力，为我们打开了通向知识殿堂的大门，让今天的我们得以在这片智慧的海洋中自由遨游。让我们怀着感恩之心，继续传承这份珍贵的精神遗产，让图书馆永远成为照亮人类文明前行的明灯。

果果涂涂，现在你们已经了解了很多关于图书馆的知识。接下来，我为你们设计了一系列的闯关任务，看看你们是否具备了成为家庭或班级"图书馆馆长"的资格。

好的，司图姐姐，我保证能完成任务！

司图姐姐，快点开始吧！

附录

家庭／班级"图书馆馆长"修炼手册

第一关：打造你的专属家庭／班级图书馆

在这个任务环节里，你将建立自己的家庭／班级"图书馆"。你需要了解自己家里或者班级里的藏书情况，并对图书进行统计、整理和分类，然后再将它们重新整齐地排列在书架上。

1. 图书普查与分类

（1）请你先整理出你的家庭／班级图书清单，清单内容包括：编号、书名、作者、出版时间、出版社等。

（2）请参照"中国图书馆分类法"，根据每本图书的内容主题进行分类，并为每本书分配相应的分类号。

当然，作为家庭／班级图书馆的"小馆长"，你可以不局限于"中国图书馆分类法"，而是根据家庭／班级的实际需求，设计一套个性化的图书分类方法。例如，你可以将图书分为学习用书、个人兴趣书和家庭／班级共读书三大类。这样的分类方式不仅便于家庭／班级成员快速找到所需图书，还能更好地满足每个人的阅读需求。请根据这一思路，设计一套属于你自己的图书分类法，并说明分类依据和原则。

参考示例：

表 1 图书清单

编号	书名	作者	出版时间	出版社	分类号
1					
2					
3					
4					
5					
6					
7					
8					
9					
10					
11					
12					
13					
14					
15					
16					
17					
18					
19					
20					

2. 制作书标

现在你家里或班级里的每本图书都已经普查完毕，并有了自己的分类号，为了更好地管理图书，接下来，就请你为这些图书制作书标贴在图书的书脊上。

书标 DIY 公式：购入年份 + 分类号 + 作者姓氏拼音首字母。

示例：2024 /I 287.45 / cwx（曹文轩《青铜葵花》）

2024

I 287.45

cwx

当然，你也可以设计自己的书标样式，并画出你的设计图。

3.创意空间——书架排架法

接下来，你需要将编目好的图书按照"中国图书馆分类法"从 A 到 Z 的英文字母顺序排列在书架上。分类号为 A 的图书永远排在第一位，随后依次是 B 类、C 类、D 类……直到 Z 类，它永远是最后一个。

请注意，图书馆里每本书在书架上的摆放位置也有一定规则，需遵循"从上至下，从左至右"的原则。也就是说，摆放图书时，从书架第一层的最左侧开始，当第一层摆满后，再从第二层的最左侧继续摆放，以此类推。

当然，你也可以创造属于自己的独特排架方式，比如按图书颜色、高度或厚度进行排列。请设计一套你自己的书架排列法，并在空白处画出设计草图，或者将按照你的排列法摆放的书架照片贴在这里。

排架示意图：

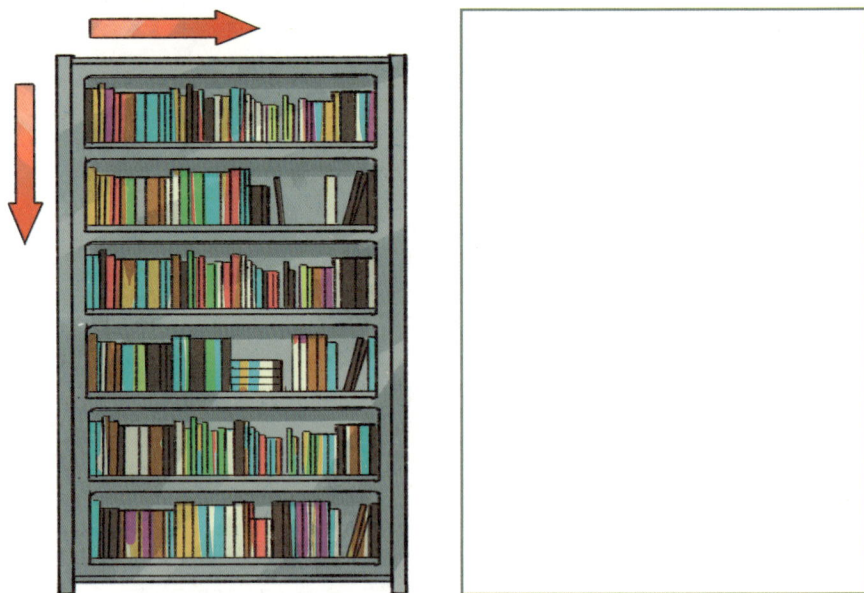

第二关：修炼图书管理技能

恭喜你已经拥有了自己的家庭／班级图书馆！为了更好地管理图书，并让每位家庭／班级成员都能充分利用这些资源，接下来你将学习如何管理图书馆，并制定合适的借阅规则。

1. 设计借阅规则

你可以参考公共图书馆的借阅规则，为你的家庭／班级图书馆设计一套专属的借阅规则。例如，规定哪些书可以外借、每人每次可以借阅几本书、借阅期限多长，以及违反规则的处理措施等。请在空白处写下你制定的借阅规则。

借阅规则

2. 图书流通管理

你需要对所有图书的使用情况进行跟踪和记录。可以通过手工登记或借助电子表格的方式完成借阅登记，同时设置提醒服务，在借阅到期前及时提醒借书人。归还图书时，你还需对图书进行检查，确保图书品相完好，无污损或破损。此外，定期清点图书，核查是否有缺失的图书，也是必不可少的环节。

借阅登记示例：

表2　图书借阅记录表

序号	书名	借书人	借书时间	还书时间	图书状态 （是否有损坏）	其他说明
1						
2						
3						
4						
5						
6						
7						
8						
9						
10						
11						
12						
13						

第三关：图书修护站

1. 做好图书的保护措施

为了延长图书的使用寿命，你需要做好家庭／班级图书的存放管理，采取防潮、防虫、避免强光直射等保护措施。请在下面空白处写下具体措施。

提示：

存放环境：书架离地 15cm 以上可以防潮；

定期用软毛刷清洁书顶积灰；

使用樟木条、咖啡渣等防虫……

图书保护措施

2. 图书常见"症状"与"治疗"方案

以下列举了一些图书常见问题及解决方案，供大家参考。如果你有更好的建议，也欢迎分享！

表 3　图书常见问题修复

"症状"	"治疗"方案
书页卷边	先将卷边或翘起的书页轻轻展平，然后在书页上覆盖一张蜡纸或光滑的塑料膜（防止粘连），最后用平整的重物（如厚重的书本或光滑的鹅卵石）压住，持续 24 小时即可。
被水浸泡	（1）冷冻法。 首先用纸巾或毛巾吸干图书表面的水分；然后把图书用保鲜膜包裹，放入冰箱冷冻层冷冻 2 小时以上。取出图书，此时的图书"硬邦邦"的。别急！用重物压在图书上，室温下等它慢慢解冻。解冻后的图书，就会平整如初！ （2）干燥剂法。 将图书和干燥剂（如硅胶干燥剂）一起放入密封袋中密封好，干燥剂可以吸收图书中的水分。 （3）预防措施。 平时存放图书时，要注意防潮防湿。若不慎将图书浸湿，应立即处理，避免霉菌滋生。
书脊开裂	（1）轻轻刮去书脊残留的胶痕和灰尘。 （2）用白胶或专用图书胶水（勿用 502 胶！）均匀涂在书脊内侧，胶水不要涂抹太多。 （3）将书页对齐后合拢，用夹子或橡皮筋固定书脊，静置 24 小时使胶水彻底干透。 （4）剪一条轻薄棉布或纱布（宽度略大于书脊），涂上胶水后贴在书脊外部，再次压紧定型。 （5）如果是图书封面脱落，可以沿开裂处补胶后粘贴，外层用透明胶带临时固定。

第四关：家庭／班级阅读计划

图书馆不仅提供阅览和外借服务，还会定期举办丰富多彩的阅读活动。同样，家庭／班级图书馆也可以开展类似的阅读活动，这不仅能增进家人或同学之间的互动与感情，还能营造浓厚的阅读氛围，让阅读成为家庭或学校生活的一部分。

1. 设计阅读活动

请你设计一场阅读活动。活动形式可以灵活多样，比如全家人共读一本书，每个人分享自己的阅读感受；或者带着图书到户外，边阅读边体验书中的故事场景。活动频率可以设定为每月一次，并结合时令节气或传统节假日安排主题，让阅读与生活紧密相连。

阅读活动设计

2. 图书 "漂流计划"

在管理家庭 / 班级图书馆的过程中，你是否会遇到一些图书已经很少翻阅却又无处安放的困扰？不妨让这些闲置的图书流动起来，尝试与邻居、同学或朋友共享图书资源。你可以在小区或学校发起"以书换书"活动，用自家或班级的闲置图书交换邻居或其他班级的闲置图书，让图书焕发新的生命力。

请将你参与类似活动的照片贴在空白处，分享你的阅读交流体验！

我的图书 "漂流计划"

3. 家庭／班级阅读收藏夹

将你的读书心得整理成册，制作一本属于自己的阅读成长笔记，记录下阅读中的点滴感悟与故事。你还可以采访长辈、老师、同学等，了解他们的阅读经历，制作一份独特的"阅读记忆手册"，让阅读成为连接家庭／班级情感的纽带。

访谈提纲：

问题一：哪本书对你来说最为珍贵？

问题二：你是否曾为了阅读或购买图书做过一些特别的事情？你是否有与阅读相关的难忘经历？请分享你的故事。

问题三：你最想推荐给他人阅读的三本书是什么？

访谈记录表

访谈目标：

访谈内容：

访谈时间：

访谈人员：

（续表）

访谈记录表